Peter Weingart

Wissenschaftssoziologie

Die Beiträge der Reihe Einsichten werden durch Materialien im Internet ergänzt, die Sie unter **www.transcript-verlag.de** abrufen können. Das zu den einzelnen Titeln bereitgestellte Leserforum bietet die Möglichkeit, Kommentare und Anregungen zu veröffentlichen.
Wir freuen uns auf Ihre Teilnahme!

Einen Einblick in die ersten 10 Bände der Einsichten gibt die Multi-Media-Anwendung »**Einsichten – Vielsichten**«. Neben **Textauszügen** aus jedem Band enthält die Anwendung ausführliche **Interviews** mit den Autorinnen und Autoren. Die CD-ROM ist gegen eine Schutzgebühr von 2,50 € im Buchhandel und beim Verlag erhältlich.

Bibliografische Information der Deutschen Bibliothek
Die Deutsche Bibliothek verzeichnet diese Publikation in der Deutschen Nationalbibliografie; detaillierte bibliografische Daten sind im Internet über http://dnb.ddb.de abrufbar.

Satz: digitron GmbH, Bielefeld
Druck: Majuskel Medienproduktion GmbH, Wetzlar
ISBN 3-933127-37-8

Inhalt

Robert K. Merton (1910–2003)

I. Einleitung

Wissenschaftliches Wissen nimmt gegenüber anderen Wissensarten offenbar eine Sonderstellung ein. Es lässt sich nicht, wie alltägliches, tradiertes, weltanschauliches oder religiöses Wissen, das Geheimwissen von Medizinmännern und Schamanen oder das obskure Wissen von Esoterikern und Astrologen, je spezifischen Gruppen, lokalen und historischen Bedingungen, Interessen und gesellschaftlichen Klassen bzw. Schichten zuordnen. Wissenschaftliches Wissen entzieht sich augenscheinlich der gesellschaftlichen Relativierung. Sind die Naturgesetze erst einmal ›entdeckt‹, können sie durch keine Macht der Welt mehr in Frage gestellt werden, außer wiederum durch die Wissenschaft selbst. Wer sie bestreitet, macht nicht etwa das Wissen, sondern nur sich selbst lächerlich. Wir haben uns daran gewöhnt, deshalb von universalem Wissen zu sprechen. Es gilt unabhängig von den religiösen oder weltanschaulichen Überzeugungen seiner Entdecker und Befürworter, unabhängig von ihrer Hautfarbe und nationalen Zugehörigkeit und unabhängig vom Ort seiner Entdeckung, Überprüfung und Anwendung. Galilei konnte es gleichgültig sein, ob seine kirchlichen Richter ihm Glauben schenkten, und widerrief, so die Legende, deshalb seine Thesen öffentlich. Ihr Diktat änderte nichts an seiner Überzeugung, noch an der allgemeiner Geltung seiner Entdeckung.

Doch schon ein oberflächlicher Blick in die Geschichte der Wissenschaft lässt gleichermaßen Zweifel am zeitlosen und universalen Wahrheitscharakter wissenschaftlichen Wissens aufkommen. Auch wissenschaftliches Wissen verändert sich und damit auch das, was als wahr gilt. Gleichwohl zeichnet es sich durch seinen Sonderstatus aus, allen anderen Wissensformen überlegen zu sein.

Wenn es auf den ersten Blick auch den Anschein haben mag, dass die fraglose Geltung ›wahren‹ Wissens nicht überraschend ist, gerade weil es ›wahres‹ Wissen ist, so wird bei genauerer Betrachtung doch erkennbar, dass die Produktion und Geltung dieses Typs von Wissen viel voraussetzungsreicher und damit unwahrscheinlicher ist. Die Produktion und allgemeine Geltung ›gesicherten‹ Wissens setzt nämlich voraus, dass es von allen gesellschaftlichen Strukturen – Kulturen, Ethnien, Klassen, Gruppen, Religionen und überdies von Raum und Zeit – abstrahiert, d.h. in *sozialer Distanz* zu ihnen steht. Damit dies möglich ist, bedarf es besonderer sozialer Bedingungen und spezifischer historischer Konstellationen, die zunächst nicht überall in der Welt gegeben waren. Darüber hinaus bedarf es besonderer Instrumente zur Erzeugung dieses Typus von Wissen, die geeignet sind, ihm Geltung über die strukturellen Grenzen hinweg zu verleihen. Es ist zunächst unerheblich, ob das wissenschaftliche Wissen wirklich in allen Fällen die genannten Eigenschaften hat. Entscheidend ist vielmehr, dass in modernen Gesellschaften die Institution ›Wissenschaft‹ entstanden ist, die diesem Selbst- und Fremdverständnis entspricht.

Die Etablierung der Wissenschaft in ihrer modernen Form als eine zentrale Institution der Gesellschaft hat einen Optimismus begründet, dessen vorläufiger Höhepunkt in der seit einiger Zeit eingeführten Charakterisierung der Gesellschaft als ›Wissensgesellschaft‹ zum Ausdruck kommt. Ist die moderne, hochindustrialisierte, westliche Gesellschaft eine Wissensgesellschaft? Oder sind vielmehr im Prinzip alle menschlichen Gesellschaften ›Wissensgesellschaften‹, weil doch alle Gesellschaften letztlich auf dem Erfahrungswissen aufbauen, das sie im Umgang mit der Natur und mit ihrem je eigenen kollektiven Gedächtnis gewinnen und verarbeiten? Wenn dem so ist, wäre es dann nicht gerechtfertigt, die Differenz zwischen den modernen und allen anderen Gesellschaften dadurch zu markieren, dass man von den erstgenannten als ›Wissen*schafts*gesellschaften‹ spricht? Gegen diese Bezeichnung erhebt sich jedoch sogleich der Zweifel, dass man dann mit gleich gutem Recht z.B. auch von der Wirtschaftsgesellschaft sprechen könne. Natürlich folgt die Gesellschaft nicht in ihrer Gesamtheit der Logik der Wissenschaft, aber kaum jemand wird ernsthaft bezweifeln wollen, dass wissenschaftliches Wissen eine größere Rolle in modernen Gesellschaften spielt als je zuvor in der Geschichte. Die Wissensgesellschaft ist somit wohl besser als eine ›verwissenschaftlichte‹ denn als eine Wissenschaftsgesellschaft charakterisiert.

Nahezu alle Handlungsbereiche – Wirtschaft, Politik, Recht, aber auch Familie, Gesundheit, Arbeit und selbst Freizeit – sind mehr oder weniger stark ›wissensbasiert‹ in dem Sinn, dass systematisches, wissenschaftliches Wissen unsere Wahrnehmungen, Reflexionen und Handlungen bestimmt. Die Mehrzahl der Menschen denkt bei Familienplanung und Kinderaufzucht an medizinisch definierte Gesundheitsrisiken der Schwangerschaft, an psychologische und pädagogische Prinzipien der Kindererziehung, vielleicht gar noch an demographisch errechnete durchschnittliche Lebenserwartungsalter als Parameter der Altersvorsorge. Dies ist selbst dann der Fall, wenn sie sich gar nicht bewusst sind, dass sie auf *wissenschaftliches* Wissen Bezug nehmen, mag dieses Wissen auch nicht das allerneueste sein, falsch rezipiert, vereinfacht oder missverstanden. Entscheidend ist, dass sie sich nicht mehr *primär* auf die Bibel, den Astrologen oder die Weisheit ihrer Eltern verlassen, ungeachtet der zuweilen schwer nachvollziehbaren Kombinationen und Parallelität dieser Wissensformen. D.h., dass wissenschaftliches Wissen in der gleichen Weise den Status fraglos akzeptierter Fakten einnimmt, wie einst traditionales oder religiöses Wissen.

Im Vergleich zu diesem ist wissenschaftliches Wissen aber von anderer Art: Es verändert sich fortwährend und mit wachsender Geschwindigkeit, es unterliegt permanenter Infragestellung, es ist hypothetischer Natur. Infolge dessen hat schon Max Weber (1864-1920) die Rationalisierung der Gesellschaft in dem Wissen bzw. dem Glauben daran begründet gesehen, »dass man [...] alle Dinge – im Prinzip – durch *Berechnen beherrschen könne*« (Weber 1922b: 536). Für die Wissensgesellschaft folgt daraus, dass sie eine unruhigere Gesellschaft ist. Paradoxerweise besteht ihre einzig stabile Orientierung darin, auf das ›Neue‹ fixiert zu sein, auf Innovation, auf die Reflexivität des Handelns, das experimentell ist und insofern wissenschaftlichen Mustern folgt. Die Fraglosigkeit der Geltung wissenschaftlichen Wissens bedeutet deshalb keineswegs, dass die Gesellschaft damit zu einer Gewissheit gefunden hat, die sie sich von der Produktion ›gesicherten‹ Wissens versprochen hat und fortwährend weiter erwartet. Es scheint vielmehr so zu sein, dass all das viele angehäufte Wissen zugleich das unbegrenzte Universum des Nichtwissens mit anwachsen oder zumindest sichtbar werden lassen hat. Der Kanon an Fragen, die die Forschung stellen kann, erweist sich entgegen ursprünglicher Hoffnungen als unendlich. Infolge dessen stehen viele Handlungen unter dem Vorbehalt, dass ihre Folgen nicht mit letzter Sicherheit absehbar und somit riskant sind. Wenngleich das Etikett der ›Risikogesellschaft‹ inzwischen schon ein wenig angestaubt ist und sich viele der mit ihm transportierten Kassandrarufe doch nicht bewahrheitet haben, ist die Virulenz des Begriffs selbst ein Indikator für die gesellschaftliche Gemütslage. Die Gewissheitserwartungen an die Wissenschaft sind überzogen und sodann enttäuscht worden. Selbstverständlich haben auch vor- oder frühmoderne Gesellschaften unter hohen Risiken operiert, aber diese wurden als Gefahren der natürlichen Umwelt zugeschrieben und konnten nicht zu ihrer Kalkulation und Abwendung einem institutionalisierten System der Wissensproduktion überantwortet werden.

Die Stellung der Wissenschaft in der Gesellschaft hat sich aufgrund dessen grundlegend gewandelt: Die Autorität und das Vertrauen, die ihr seit mehr als einem Jahrhundert entgegengebracht werden, bestehen zwar entgegen aller Unkenrufe weiterhin, aber sie sind abstrakt ihr als Institution gezollt. Daneben gibt es eine reflektierte Skepsis, die die Qualität des wissenschaftlichen Wissens in Bezug zu seinen Verwendungskontexten beurteilt und seine Unzulänglichkeit aufdeckt. Auch das ist eine Bestätigung des Charakters der Wissensgesellschaft als einer verwissenschaftlichten Gesellschaft. Die Diagnosen des Übergangs in die Wissensgesellschaft illustrieren nicht nur die aktuelle Situation, dass die Wissenschaft eine zentrale Rolle in der gegenwärtigen Gesellschaft spielt, sondern sie verweisen überdies auf den allgemeinen Sachverhalt, dass die jeweils dominanten Wissenstypen eine Gesellschaft tiefgreifend prägen oder, präziser noch, ein sie kennzeichnendes Merkmal sind. Aufgrund dieses Zusammenhangs ist eine Soziologie der Wissenschaft zugleich auch ein Stück Gesellschaftsanalyse.

Es gibt also offenbar genügend gute Gründe und ausreichende empirische Anhaltspunkte dafür, die ›Wissenschaft‹ und das von ihr produzierte Wissen zum Gegenstand soziologischer Analyse zu machen. Welche sozialen Regeln und Normen bedingen welche Verhaltensweisen, die zur Produktion und Geltung ›gesicherten‹ Wissens führen? Aufgrund welcher Eigenschaften erringt wissenschaftliches Wissen besonderes Vertrauen? Welche Formen sozialer Organisationen gibt sich dieses Wissen? Wo und wie wird es produziert? Wie verhält sich dieses Wissen zu anderen Wissensarten sowie zu gesellschaftlich geltenden Werten? Welche Funktionen und Folgen hat wissenschaftliches Wissen für die Politik, die Wirtschaft, das Recht? Wie verhält sich wissenschaftliches Wissen zu den Medien? Das alles sind Fragen, die die Wissenschaftssoziologie stellt und zu beantworten sucht. Sie richtet damit einen spezifischen, eben einen gesellschaftswissenschaftlichen Blick auf die Wissenschaft.

Dieser Blick darf nicht als die Anmaßung missverstanden werden, die Soziologie könne bessere Wissenschaft machen als diejenigen Wissenschaften, die sie beobachtet. Es ist vielmehr die Anwendung einer spezifischen wissenschaftlichen Perspektive auf die Wissenschaft, die ebenso auf die Wirtschaft oder die Politik usw. angewendet werden kann. Gerät die Wissenschaftssoziologie damit aber nicht in das gleiche Relativismusproblem wie die Wissenssoziologie, nur mit der zusätzlichen Erschwernis, dass sie es mit wissenschaftlichem und nicht mit weltanschaulichem oder alltäglichem Wissen zu tun hat? Es wird sich zeigen, dass die ›Falle‹ des Relativismus umgangen werden kann (nicht immer wird).[1] Produktion, Verbreitung und Geltung wissenschaftlichen Wissens können durchaus soziologisch analysiert werden, ohne dass damit eine konkurrierende Epistemologie postuliert wird.

Die Wissenschaftssoziologie ist damit eine Meta-Wissenschaft, d.h. eine (Sub-)Disziplin, deren Gegenstand die Wissenschaft selbst ist. Das gilt auch für die Wissenschaftstheorie, deren Ziel die »logische Analyse der Wissenschaft im apragmatischen Sinne« ist (Kamitz 1980: 771), und für die Wissenschaftsgeschichte, die sich mit der historischen Entwicklung der Wissenschaft(en) befasst. Alle drei Forschungsgebiete weisen trotz ihrer grundsätzlichen methodischen Differenzen Überschneidungen auf. Wie groß diese Überschneidungen tatsächlich sind, hängt von den wechselnden theoretischen Entwicklungen in diesen Gebieten ab und hat sich im Verlauf der Jahre verändert. Bereits seit den 30er Jahren des vergangenen Jahrhunderts hat es aufgrund des gemeinsamen Gegenstands und der nah beieinander liegenden

Zielsetzungen Versuche gegeben, ein interdisziplinäres Forschungsfeld unter der Bezeichnung ›Wissenschaftswissenschaft‹ (*science of science*) zu gründen. Erst Anfang der 1970er Jahre sind diese Versuche erfolgreich gewesen. Zu dieser Zeit hat sich, etwas weniger prätentiös, die ›Wissenschaftsforschung‹ (*science studies*) etabliert. Sie ist zwar nicht die umfassende ›Interdisziplin‹ geworden, als die sie konzipiert war. Zu groß sind die Unterschiede zwischen der formalen Orientierung der Wissenschaftstheorie und der empirischen Orientierung der Wissenschaftssoziologie, und mit diesen Unterschieden verbinden sich die institutionellen Interessen der gewachsenen Fächer. Dennoch schließen die Grenzen der Wissenschaftsforschung inzwischen historische, soziologische, ethnologische, psychologische, kultur- und politikwissenschaftliche, forschungsökonomische und andere Zugänge ein. Die Wissenschaftsforschung ist auf diese Weise zum umfassenden sozialwissenschaftlichen Gebiet geworden, das der Analyse der Wissenschaft gewidmet ist (*social studies of science*). In ihrem Kern wird man allerdings noch immer auf die Wissenschaftssoziologie stoßen, auf soziologische Theorien und Methoden, die deutlich machen, dass Wissenschaft ein Teil von Gesellschaft und die Produktion wissenschaftlichen Wissens ein besonderer Typus sozialen Handelns oder der Kommunikation ist.[2]

Im Folgenden wird zunächst die soziologische Analyse der Wissenschaft als soziale Institution behandelt. Das ist die soziologische Beobachtung der ›Innenwelt‹ der Wissenschaft. Damit wird zugleich auch das erste Stadium der Entwicklung der Wissenschaftssoziologie beschrieben, das mit dem Namen Robert K. Mertons (1910-2003) verbunden ist. Was sind die wissenschaftsinternen sozialen Normen und Regeln, die Besonderheiten wissenschaftlichen Handelns bzw. wissenschaftlicher Kommunikation, die die grundlegenden Voraussetzungen für die Produktion ›gesicherten‹ Wissens bilden?

Im 3. Kapitel werden zunächst das Wachstum und die Binnendifferenzierung der Wissenschaft betrachtet, um einen Eindruck davon zu vermitteln, welche Entwicklungsdynamik die Wissenschaft als soziales System aufweist, und wie sie sich dabei in ihrer internen Organisation wandelt. Was sind die Triebkräfte dieser

Dynamik? Welche Folgen lassen sich für die Gesellschaft und für die Wissenschaft selbst voraussehen?

Das darauf folgende Kapitel schließt insofern daran an, als sich das Interesse auf die soziologische Erklärung wissenschaftlichen Wandels richtet. Der Fokus liegt auf den wissenschaftlichen Gemeinschaft(en) (*scientific community/ies*) als den sozialen Organisationen der Wissenschaft. Welcher Zusammenhang besteht zwischen ihrer sozialen Struktur und den wissenschaftlichen Inhalten, die sie kommunizieren? In welchem Verhältnis stehen soziale Interessen und inhaltliche Rationalität? Hier geht es unter anderem um den Einfluss des Wissenschaftsphilosophen und -historikers Thomas S. Kuhn (1922-1996), der mehr als irgendein anderer Autor die Wissenschaft der wissenssoziologischen Perspektive erschlossen und damit die Wissenschaftssoziologie nachhaltig verändert hat. Das 5. Kapitel beleuchtet eine weitere Entwicklungsphase der Wissenschaftssoziologie, in der die mikrosoziologischen Konstruktionsbedingungen des wissenschaftlichen Wissens im Labor im Vordergrund standen. In ihr steht die Frage im Vordergrund, wie der Prozess der Produktion wissenschaftlichen Wissens genau vonstatten geht. Wie kommt es zur Stabilisierung und allgemeinen Anerkennung des Wissens, das zu Beginn jeder Forschung noch vorläufig und durch die lokalen Bedingungen des Labors geprägt ist? Diese Phase lässt sich als eine konsequente Weiterentwicklung und Radikalisierung der wissenssoziologischen Perspektive in der Wissenschaftssoziologie deuten. Der sozialkonstruktivistische Zugang dieser Phase markiert eine neue epistemologische Orientierung, die in der Wissenschaftssoziologie aufgrund ihrer relativistischen Implikationen eine besondere Brisanz erlangen sollte. Die Analysen der Innenwelt des Labors zeigen zugleich, dass diese Beschränkung nur eine Perspektive auf ein insgesamt viel komplexeres Bild darstellt. Wie kommt das Wissen aus dem Labor in die Gesellschaft? Welche Rolle spielen die gesellschaftlichen Bedingungen bei der Produktion und der Diffusion des Wissens? Spezifische Antworten darauf geben die Analysen, die unter dem Etikett der *Actor-Network-Theory* firmieren.

Diese Fragen verweisen die Wissenschaftssoziologie auf die Wirkung wissenschaftlichen Wissens in der Gesellschaft. Darum wird in den anschließenden Kapiteln neueren Ansätzen in der Wissenschaftssoziologie zur Analyse der Interdependenz zwischen der Entwicklung der Wissenschaft und der Entwicklung verschiedener sozialer Systeme nachgegangen, im 6. Kapitel der Beziehung zwischen Wissenschaft und Politik, im 7. der zur Wirtschaft und im 8. der zu den Medien. Welche Funktionen hat wissenschaftliches Wissen in politischen Entscheidungsprozessen? Wie verhalten sich ökonomisches Interesse und die Neutralität wissenschaftlichen Wissens zueinander? Welche Folgen hat die Dauerbeobachtung der Medien für die wissenschaftlichen Kommunikationsprozesse? Aus der Perspektive der Kopplungen zwischen der Wissenschaft und anderen Funktionssystemen wird am ehesten nachvollziehbar, dass und wie Wissenschaft als besonderes Wissenssystem eine außerordentliche Funktion in der Gesellschaft hat, dass umgekehrt aber auch nicht mehr vorstellbar ist, die Wissenschaft existiere außerhalb und abgehoben von der Gesellschaft. Die Wissenschaftssoziologie ist damit, wie oben schon gesagt, ein Aspekt von Gesellschaftsanalyse. Selbst wenn sie inzwischen ein weit ausdifferenziertes Forschungsgebiet mit einer Fülle von Detailthemen und z.T. widerstreitenden Theorien und Methoden geworden ist, lassen sich die Gemeinsamkeiten in dieser Vielfalt unschwer ausmachen. Der gemeinsame Fokus ist Gegenstand des 9. Kapitels, in dem der Bogen zurück zum Eingangsthema geschlagen wird. Der geschärfte Blick sowohl auf die internen Differenzierungen der Wissenschaft als auch auf die Kopplungen der Wissenschaft mit anderen Teilsystemen verweist auf die unterschiedlichen Formen des Wissens und ihre kommunikativen Interferenzen als zentralen Gegenstand der zukünftigen Wissenschaftssoziologie. Wie sieht eine Gesellschaft aus, in der wissenschaftliches Wissen seine privilegierte Stellung verloren hat, in der es politisch instrumentalisiert, als Ware gehandelt und den Strategien medialer Kommunikation unterworfen wird? Sieht so die Wissensgesellschaft aus?

II. Die Unwahrscheinlichkeit gesicherten Wissens – Normen, Regeln und Strukturen wissenschaftlicher Kommunikation

Moderne Gesellschaften sind unter anderem dadurch gekennzeichnet, dass in ihnen eine besondere Sorte Wissen, eben wissenschaftliches Wissen, als letzte Instanz bei der Lösung von Problemen nahezu aller Art gilt. Es ist keine Selbstverständlichkeit, dass eine bestimmte Art von Wissen in einer Gesellschaft allgemein als ›gesichert‹, ›wahr‹ und universell gültig anerkannt wird. Daran erinnert ein Blick in traditionale Gesellschaften, wie diejenigen im Europa des 17. Jahrhunderts, in denen die moderne Wissenschaft entstanden ist. Sie sind durch Glaubenskämpfe, durch die Fragilität politischer Strukturen sowie durch den Mangel an Vertrauen und Verlässlichkeit charakterisiert. Zwar wird in unserer gegenwärtigen Gesellschaft das wissenschaftliche Wissen auch nicht mehr uneingeschränkt als ›gesichert‹ und ›wahr‹ anerkannt. Offenbar sind die rezente Skepsis gegenüber wissenschaftlichem Wissen, die Unsicherheit und das Risikobewusstsein der postmodernen Gesellschaft aber doch von anderer Art. Sie verdanken sich der nachaufklärerischen Reflexion auf die *Voraussetzungen* des gesicherten Wissens. In den dogmatischen Auseinandersetzungen zwischen den Exegeten und Eiferern religiöser Heilslehren stand der relativierende Rückgriff auf die Voraussetzungen ihrer Wahrheitsbehauptungen noch nicht zur Verfügung. Das erklärt die Intensität dieser Konflikte. Welche sozialen Bedingungen müssen also gegeben sein, die zunächst die Entstehung eines weitgehend verbindlichen Wissens ermöglichen? Verbindet sich wissenschaftliches Wissen mit einem spezifischen Handlungsmodus? Was sind die organisatorischen Formen, innerhalb derer dieser Wissenstypus produziert wird?

1. Das wissenschaftliche Ethos

Diese Fragen begründeten die Wissenschaftssoziologie, als deren Urheber der amerikanische Soziologe Robert K. Merton gilt.[3] Die Frage nach den spezifischen gesellschaftlichen Bedingungen für die *Entstehung* der Wissenschaft als einer neuen Institution führte ihn im Kontext seines funktionalistischen Ansatzes folgerichtig zu der verallgemeinernden Frage nach den *institutionellen Imperativen*, die gegeben sein müssen, damit Wissenschaft als Institution gedeihen kann. Konkreter formuliert: Welche Verhaltensformen sind in einer Gesellschaft *notwendig*, damit Wissenschaft als die *Erweiterung gesicherten Wissens* möglich wird?[4] 1942 schrieb er den Artikel, der zum Klassiker der Wissenschaftssoziologie wurde: *Science and Technology in a Democratic Order* (Merton 1942/1972). Darin formulierte er das ›wissenschaftliche Ethos‹, d. h. die Prinzipien und Normen wissenschaftlicher Kommunikation. Das Ethos ist, in seinen Worten, »der gefühlsmäßig abgestimmte Komplex von Werten und Normen, der für den Wissenschaftler als bindend betrachtet wird. Die Normen werden in der Form von Vorschriften, Verboten, Präferenzen und Genehmigungen ausgedrückt. Sie sind im Sinne von institutionellen Werten legitimiert. Diese Imperative, durch Lehre und Beispiel vermittelt und durch Sanktionen verstärkt, werden in unterschiedlichem Maße von Wissenschaftlern internalisiert und prägen somit sein wissenschaftliches Bewußtsein, [...] sein Über-Ich« (Merton 1942/1972: 46). Das Ethos ist nirgendwo in der von Merton formulierten Form kodifiziert, aber es kann, wie er sagt, aus dem moralischen Konsens der Wissenschaftler geschlossen werden, der sich in unzähligen Schriften über den Geist der Wissenschaft und in der moralischen Entrüstung über die Verstöße gegen die Normen (wie z. B. über Betrug und Plagiat) niederschlägt.

In seiner Definition des Ethos, das gleichbedeutend mit den *institutionellen Imperativen* der Wissenschaft ist, finden sich die zentralen Elemente der sozialen Verhaltenskomplexe wieder, die in Ansätzen im 17. Jahrhundert entstanden und in der Folgezeit weiterentwickelt wurden. Sie erklären aus soziologischer Perspektive, so Mertons Anspruch, warum wissenschaftliches Wissen eine besondere Rolle im Vergleich zu allen anderen Wissensformen einnimmt:

- *Universalismus* ist die »Vorschrift, dass Wahrheitsansprüche unabhängig von ihrem Ursprung *vorgängig gebildeten unper-*

sönlichen Kriterien unterworfen werden müssen: Übereinstimmung mit Beobachtung und mit bereits bestätigtem Wissen. Die Annahme oder Ablehnung der Ansprüche hängt nicht von personalen oder sozialen Eigenschaften ihrer Protagonisten ab; seine Rasse, Nationalität, Religion, Klassenzugehörigkeit oder persönlichen Qualitäten sind als solche irrelevant« (Merton 1942/1972: 48).

- *Kommunismus* bedeutet, dass die »materiellen Ergebnisse der Wissenschaft [...] ein Produkt sozialer Zusammenarbeit [sind] und [...] der Gemeinschaft zugeschrieben« werden. »Der Anspruch des Wissenschaftlers auf sein ›intellektuelles Eigentum‹ beschränkt sich auf die Anerkennung und Wertschätzung, die [...] in etwa mit der Bedeutung dessen übereinstimmt, was in den allgemeinen Fonds des Wissens eingebracht worden ist« (ebd.: 51).
- *Uneigennützigkeit* hat weder mit besonderen Motiven der Wissenschaftler noch mit einer besonderen moralischen Integrität zu tun. Sie ist ein »grundlegendes institutionelles Element«, das seine »Grundlage im öffentlichen und überprüfbaren Charakter der Wissenschaft« hat und die Integrität von Wissenschaftlern dadurch begründet, dass sie den Verlockungen widerstehen, unerlaubte Mittel zum eigenen Vorteil einzusetzen (vgl. ebd.: 53). Die Geltung dieser Norm lässt sich Merton zufolge an dem »fast völligen Fehlen von Betrug in den Annalen der Wissenschaft« festmachen (ebd.).
- *Organisierter Skeptizismus* ist »sowohl ein methodologisches als auch ein institutionelles Mandat. Die Zurückhaltung des endgültigen Urteils bis ›die Fakten zur Hand sind‹ und die unvoreingenommene Prüfung von Glaubenshaltungen und Überzeugungen aufgrund empirischer und logischer Kriterien [...]« (ebd.: 55).

Mertons Schema des wissenschaftlichen Ethos gilt seit langem als eine überholte Beschreibung der Wissenschaft bzw. Erklärung des Handelns von Wissenschaftlern. Ungeachtet dessen hat wohl keine Analyse einen vergleichbar großen Einfluss auf die weitere Forschung gehabt. Sie beschäftigt Wissenschaftssoziologen nach wie vor, sei es, um das Ethos um weitere Elemente zu ergänzen und seine Geltung zu bestätigen, sei es, um seine empirische Geltung zu bestreiten.[5]

Zwei Stoßrichtungen der Kritik an Mertons ›Ethos‹ sind besonders hervorzuheben. Zum einen richtet sich die Kritik gegen die (bei Merton zumeist) implizite wissenschaftstheoretische Annahme, der zufolge das Ethos der einzige Weg sei, um die Geheimnisse der Natur zu entschlüsseln (vgl. Daston 1995). Diese Kritik richtet sich gegen die bis in die 1960er Jahre weitgehend ungefragt geltende Wissenschaftskonzeption. Die Beschreibung und Erklärung der Wissenschaftsentwicklung über ihre *Inhalte* galten als Domäne der Wissenschaftsphilosophie und als der sozialwissenschaftlichen Analyse prinzipiell unzugänglich. Die Wissenschaftssoziologie war demnach auf die Analyse der *Organisation* der Wissenschaft beschränkt. Das rationalistische Wissenschaftsverständnis, auf dem diese Arbeitsteilung beruhte, wurde jedoch mit der von Thomas S. Kuhn und Paul K. Feyerabend (1924-1994) eingeleiteten Wende verabschiedet. Ihnen zufolge wird das Verhalten von Wissenschaftlern durch Paradigmen, d.h. durch sich verändernde intellektuelle Traditionen gesteuert (s. dazu Kap. 4 in diesem Band). Die Diskussion um die Gleichsetzung des Merton'schen Ethos mit einer spezifischen Epistemologie kann jedoch inzwischen als überholt gelten.

Ein anderer Strang der Kritik interpretiert das Ethos als eine empirische Beschreibung des Verhaltens von Wissenschaftlern und deren Motivation, um sodann mit Verweis auf eine Vielzahl von Verstößen bzw. von institutionell bedingten Abweichungen die Geltung des Ethos zu bestreiten.[6] Die faktische Geltung des Ethos wird allenfalls für die Blütezeit des deutschen Universitätssystems des 19. Jahrhunderts anerkannt (vgl. Barnes/Dolby 1972).

Mertons Ethos ist tatsächlich eine analytische ›Verdichtung‹ der im Verlauf von dreihundert Jahren entstandenen Verhaltensregeln zu einem Satz institutioneller Normen. Statt das reale, konforme oder abweichende Verhalten von Wissenschaftlern zu beobachten, sieht Merton den Nachweis der Geltung des Ethos unter anderem in den scheinbaren Paradoxien im Verhalten von Wissenschaftlern und den daraus entstehenden psychischen und sozialen Konflikten (vgl. Merton 1969/1973).[7] Das betrifft vor allem die merkwürdige *Ambivalenz* der Wissenschaftler gegenüber Prioritätsstreitigkeiten, die er anhand einer Vielzahl biographischer Zeugnisse belegt. Das Interesse der Wissenschaftler an Priorität, d.h. an der Nennung als Erstentdecker, und der damit verbundenen Anerkennung bleibt ambivalent, was Merton auf das institutionelle Bescheidenheitsgebot (Uneigennützigkeit) und den Primat der Erweiterung des Wissens (Imperativ der Originalität) zurückführt. Das Bedürfnis nach Anerkennung wird vom einzelnen Wissenschaftler als solches empfunden, steht aber nicht etwa im Widerspruch zu seinem Engagement für die Forschung, sondern wird allererst durch die Institution erzeugt. »Kontinuierliche Bewertung von geleisteter Arbeit und Anerkennung von guter Arbeit bilden einen der *Mechanismen*, die die Welt der Wissenschaft zusammenhalten« (Merton 1985: 132).

Die Bedeutung des Merton'schen Ethos besteht darin, die Besonderheit der wissenschaftlichen gegenüber anderen Arten von Kommunikation und damit die Produktion eines spezifischen Typs von Wissen *analytisch* zu beschreiben und die Geltung des Ethos *nicht* im offenbaren Verhalten der Wissenschaftler zu suchen, sondern über indirekte Indizien zu erschließen. Ein anders geartetes Indiz für die Geltung des Ethos sind die Konflikte zwischen Ergebnissen oder Methoden der Wissenschaft und wichtigen gesellschaftlichen Werten. Auch hier fragt Merton nach den Unverträglichkeiten zwischen den im wissenschaftlichen Ethos verkörperten Haltungen (»sentiments«) und denen, die in anderen Institutionen anzutreffen sind (Merton 1938/1973: 254). Damit ist das Verhältnis zwischen der Wissenschaft und ihrer gesellschaftlichen Umwelt angesprochen, das im zweiten Teil dieses Bandes thematisiert werden soll. Zeitbedingt stand für Merton der Konflikt in totalitären politischen Ordnungen zwischen dem wissenschaftlichen Ethos und dem politischen Code im Vordergrund. Dieser Code erklärt irrelevante Kriterien wie Rasse oder politische Überzeugungen für verbindlich und diskreditiert zugleich die institutionalisierten Normen der Wissenschaft als ›liberalistisch‹, ›kosmopolitisch‹ oder ›bürgerlich‹. Merton hatte dabei die totalitären Ideologien des Nationalsozialismus und des Kommunismus im Auge. Heute könnte seine Analyse u.a. auf die

Geltungsbereiche der religiösen Fundamentalismen übertragen werden.

In ähnlicher Weise ist der Konflikt mit dem Prinzip des *organisierten Skeptizismus* zu sehen, insofern dieses die Infragestellung politischer Autorität, religiöser Symbole und anderer institutionalisierter Werte impliziert (vgl. Merton 1938/1973: 264f.). Die bedingungslose wissenschaftliche Analyse droht aus dieser Perspektive, die in anderen Institutionen etablierten Werte mit ihren Loyalitätsgeboten und vor kritischer Prüfung ausgesparten ›heiligen Bereichen‹ zu destabilisieren. Diese Art von Konflikt mit der Wissenschaft ist nicht auf die historische Vergangenheit und auf autokratische und totalitäre Gesellschaftsordnungen beschränkt. Auch in liberal-demokratischen Kontexten, deren Grundlage das universalistische Ethos bildet, kommt es zu den gleichen Konflikten mit der Wissenschaft, wenngleich in weniger radikaler Form. Die Ansprüche der Wissenschaft auf Objektivität, Neutralität und Rationalität werden in Frage gestellt, indem die Bedeutung partikularistischer Kriterien für die Beurteilung der Wissenschaftler hervorgehoben wird. Ezrahi nennt als Beispiele Verweise auf die Bedeutung subjektiver psychologischer Faktoren, d.h. die behauptete Unmöglichkeit, wissenschaftliche Erkenntnis von der subjektiven oder der lokal spezifischen Welt der Individuen zu trennen (vgl. Ezrahi 1990: 53).

Die Wirkung utilitaristischer Ansprüche an die Wissenschaft als Quelle des Konflikts mit dem wissenschaftlichen Ethos ist demgegenüber komplexer. Ursprünglich war die Orientierung am Selbstzweck der Forschung als Abwehr gegen Ansprüche der Kirche, der Wirtschaft oder des Staates etabliert. Nunmehr gerät sie in Gefahr, die soziale Wertschätzung, d.h. die Legitimität der Wissenschaft zu gefährden. Die Konflikte entstehen sowohl aufgrund nicht erfüllter Erwartungen an die Nützlichkeit wissenschaftlicher Erkenntnisse als auch aufgrund der Ablehnung der Verantwortung seitens der Wissenschaft für deren negative Folgen. Aus dieser Perspektive, so Merton, »hat das Prinzip der reinen Wissenschaft und der Uneigennützigkeit dazu beigetragen, die eigene Grabinschrift vorzubereiten« (Merton 1938/1973: 263). Diese Diagnose, die sich auf die *Distanz* der akademischen Wissenschaft *zur Gesellschaft* bezieht, erweist sich erst jetzt als weitsichtig: Diese Distanz wird nicht länger toleriert, sondern weicht einer immer dringlicher erwarteten Nützlichkeitsorientierung. Der bislang geltende Gesellschaftsvertrag für die Wissenschaft, demgemäß die ›freie (Grundlagen-)Forschung‹ von der Gesellschaft alimentiert wird, ist unter die Legitimationszwänge der Marktorientierung und des Nutzens für die Allgemeinheit geraten und faktisch aufgekündigt worden (vgl. Guston/Kenniston 1994).

Die pauschale Zurückweisung des Ethos erweist sich im übrigen als etwas voreilig, wenn man z.B. die Reaktion der institutionalisierten Wissenschaft auf spektakuläre Fälle von wissenschaftlichem Betrug und Zweifel an der Funktionsfähigkeit des *peer review*-Systems[8] betrachtet (vgl. Ziman 2000: 32). Sie haben in den führenden Wissenschaftsnationen zu Kodifizierungen des wissenschaftlichen Ethos geführt, die den Formulierungen Mertons sehr nahe kommen (vgl. Weingart 2001: Kap. 7). Auch Mertons Hinweise auf die Gefährdungen des Wissenschaftssystems durch eine Überbetonung der Konkurrenz und die drohende Geheimhaltung des Wissens haben in jüngerer Zeit an Aktualität gewonnen.

Selbst wenn das ›Ethos der Wissenschaft‹ heute in der Wissenschaftssoziologie als eine überholte Form der Beschreibung und Erklärung des Handelns von Wissenschaftlern und der Entwicklung von Wissenschaft gilt, besteht Mertons Verdienst und der bleibende Wert seiner Analysen darin, die entscheidende Ausgangsfrage gestellt zu haben: ›Wie ist gesichertes Wissen möglich?‹. Außerdem hat er die sozialen Mechanismen und die Bedeutung ihrer kontrafaktischen Geltung bezeichnet, die die Besonderheit des wissenschaftlichen Wissens ausmachen. Wenn die Spezifik wissenschaftlichen Wissens anerkannt wird, müssen sich die soziologischen Erklärungen seiner Ermöglichung an dieser Vorlage messen. Dies wird u.a. durch die Frage erhellt, welcher Art das Wissen wäre, wenn die Prinzipien des Ethos überhaupt keine Geltung besäßen?

Wir verfolgen zunächst die interne wissenschaftssoziologische Diskussion weiter. Sie richtet sich auf die organisatorischen Bedingungen, unter denen die Wissenschaft operiert. Wie ist die Wissenschaft als soziales System verfasst? Welche sozialen Strukturen hat die Wissenschaft? Welche Schlussfolgerungen lassen sich aus der sozialen Ordnung der Wissenschaft für die Natur des produzierten Wissens ziehen?

2. Die Sozialstruktur der Wissenschaft: das Ideal egalitärer Kommunikation und die Rolle partikularistischer Kriterien

Der soziologisch unbefangene Beobachter der Wissenschaft, dazu zählen die (Natur-)Wissenschaftler selbst, sind geneigt, Verhaltensweisen der Wissenschaftler individuell zuzurechnen. Das ist besonders in der Erklärung großer wissenschaftlicher Leistungen ausgeprägt, für die das Genie der jeweiligen Entdecker verantwortlich gemacht wird. Aber auch die vielzitierte Bescheidenheit von Wissenschaftlern, ihr sprichwörtliches Desinteresse an materieller Entlohnung wie umgekehrt ihr eifersüchtiges Insistieren auf der Anerkennung ihrer intellektuellen Leistungen, werden von außen in erster Linie als die Eigenschaften von Persönlichkeiten interpretiert. Aus wissenschaftssoziologischer Perspektive handelt es sich jedoch um Verhaltensmuster, die durch die Institution geprägt sind. Ungeachtet der Unterschiede zwischen individuellen Charakteren lassen sie sich auf das Originalitätsgebot in der wissenschaftlichen Kommunikation zurückführen. Nur neues Wissen zählt. Wer eine bahnbrechende Entdeckung macht, kann sogar damit rechnen, dass sie mit seinem Namen belegt wird und ihm zu ewigem Ruhm verhilft.[9] Für bereits bekanntes Wissen gibt es in der Wissenschaft dagegen keine Anerkennung. Im Kontext der Merton'schen sog. institutionellen Wissenschaftssoziologie ist daraus der Schluss gezogen worden, dass die Wissenschaft über ein für sie spezifisches Belohnungssystem verfügt, auf das hin das Verhalten von Wissenschaftlern orientiert und folglich erklärbar ist (vgl. Merton 1957/1972). Niklas Luhmann (1927-1998) kommt später aus systemtheoretischer Perspektive zu dem im Grunde gleichen Ergebnis: Die Kommunikation innerhalb des Wissenschaftssystems ist an einem spezifischen Code (wahr/unwahr) orientiert. Reputation als die für die Wissenschaft spezifische Belohnung kann nur innerhalb des Systems und nach Maßgabe des Codes vergeben werden (vgl. Luhmann 1970, 1990).

Die differenzielle Zuweisung von Reputation innerhalb der Wissenschaft verweist zunächst also nur auf die Funktionsweise ihres Belohnungssystems. Es handelt sich um eine auf wissenschaftlichen Verdiensten beruhende meritokratische Ordnung. Eine andere erscheint für die Wissenschaft auch nicht angemessen, insofern ›wahres‹ bzw. gesichertes Wissen unser Vertrauen kaum verdiente, wenn ihm der Verdacht anhaften würde, es beruhe auf Beziehungen oder auf der Zahlung von Bestechungsgeld. Die Berühmtheit eines Wissenschaftlers signalisiert also sowohl innerhalb des Systems als auch nach außen, dass es sich um jemanden handelt, der einen wichtigen und von seinen Kollegen als solchen anerkannten Beitrag geleistet hat.

Ruhm hat allerdings in jedem Sozialsystem die Eigenschaft, über den unmittelbaren Anlass seiner Zuerkennung hinaus Aufmerksamkeit und damit weitere Vorteile zu verschaffen. Merton hat unter Verweis auf das Bibelwort des Evangelisten Matthäus »wer hat, dem wird gegeben« auf das Phänomen des kumulativen Vorteils hingewiesen und es als ›*Matthäus-Effekt*‹ bezeichnet (vgl. Merton 1973: 446). Die These, der Matthäus-Effekt sei in der Wissenschaft wirksam, besagt, dass Wissenschaftlern mit hoher Reputation oder auch solchen, die an sehr bekannten und angesehenen Institutionen arbeiten, Aufmerksamkeit und Anerkennung zuteil werden, die über ihre tatsächlichen Leistungen hinausgehen, sich von deren direkter Bewertung ablösen und verselbstständigen. Reputation bedeutet in der Wissenschaft besondere Glaubwürdigkeit, und Glaubwürdigkeit verschafft besondere Aufmerksamkeit, die sich in die Zuweisung von Ressourcen übersetzen lässt. Diese lassen sich ihrerseits in neue Forschungen und somit in die Produktion neuen Wissens umsetzen usw.[10]

Die Vorstellung, die wissenschaftliche Kommunikation sowie die aus ihr hervorgehende Anerkennung werde nicht durch die fortlaufende und unvoreingenommene Überprüfung neuen Wissens bestimmt, sondern durch den akkumulierten Einfluss ergrauter Wissenschaftler, deren innovative Leistungen in ihrer Vergangenheit liegen, erscheint auf den ersten Blick wie ein skandalöser Verrat an der Wahrheit. In einem allein nach universalistischen Kriterien operierenden Belohnungssystem darf allein die Qualität jeder einzelnen Leistungen zählen. Doch auch bei Wissenschaftlern beobachten wir erhebliche Unterschiede im Status und der verfügbaren Ressourcen – nicht zu vergessen auch des Einkommens. Ist dies das Ergebnis einer ungleichen Verteilung von Fähigkeiten oder einer ungleichen Zuschreibung von Talent und Verteilung von Ressourcen? (vgl. Cole/Cole 1973). Mit der Fokussierung des Belohnungssystems der Wissenschaft und speziell der dieses System störenden oder verzerrenden Mechanismen wie des ›*Matthäus-Effekts*‹, richtete sich das Interesse der Wissenschaftssoziologie auf die *Sozialstruktur der Wissenschaft*, über die sich die zentralen Bedingungen und Mechanismen der wissenschaftlichen Kommunikation erschließen. Dieser Fokus hat sich als fruchtbare Perspektive für weitere empirische Untersuchungen und deren Theoretisierung erwiesen.

Diverse empirische Untersuchungen haben tatsächlich die Wirkung des ›Matthäus-Effekts‹ belegen können. Trotz der z.T. widersprüchlichen Ergebnisse und der methodischen Schwierigkeiten schält sich jedoch als Ergebnis heraus, dass wirklich bedeutende Arbeiten mit hoher Wahrscheinlichkeit auch unabhängig vom Status ihrer Autoren gesehen werden. Der ›Matthäus-Effekt‹ begünstigt dagegen vor allem die Verbreitung weniger bedeutender Arbeiten reputierter Autoren und die Arbeiten von Autoren, die bekannten Universitäten bzw. Instituten angehören (vgl. Cole 1972; Peters/Ceci 1982; Cole et al. 1981; Cicchetti 1991).

Besondere Aufmerksamkeit gilt in diesem Zusammenhang seit langem der Effektivität des zentralen Selbststeuerungsmechanismus wissenschaftlicher Kommunikation, der *peer review*. Das *peer review*-System wird in drei unterschiedlichen Kontexten eingesetzt:

- in der Beurteilung wissenschaftlicher Arbeiten vor deren Veröffentlichung,
- in der Beurteilung von Anträgen an Förderorganisationen zur Finanzierung von Forschungsprojekten,
- in der Beurteilung und Interpretation von Forschungsergeb-

nissen, die als Grundlage für politische Entscheidungen dienen (vgl. Chubin/Jasanoff 1985: 3).

Peer review hat also eine doppelte Funktion. Nach ›innen‹ soll sie das Vertrauen in die Verlässlichkeit und Wechselseitigkeit der wissenschaftlichen Kommunikation zur Sicherung ihrer Offenheit schaffen. Nach ›außen‹, gegenüber der Öffentlichkeit, soll sie Vertrauen in die Verlässlichkeit des produzierten Wissens herstellen, u.a. um die Ressourcen für die Forschung zu legitimieren. Einerseits ist die *peer review* also der Garant offener und nur universalistischen Kriterien unterworfener Kommunikation. Andererseits ist sie der zentrale Entscheidungsmechanismus in der Wissenschaft, über den sowohl das Erscheinen neuen Wissens als auch die Verteilung von Ressourcen zur Produktion zukünftigen Wissens entschieden wird. Die Gefahr, dass sich verdiente Reputation in illegitime Macht wandelt und die Funktion des *gatekeepers* missbraucht wird, erscheint als das größte Risiko der Wissenschaft. Es ist aufgrund dieser strategischen Stellung der *peer review* also kaum überraschend, dass Infragestellungen und/oder Funktionsstörungen außerordentlich sensible Reaktionen zur Folge haben (vgl. Weingart 2001: Kap. 7).

Gerade die Untersuchungen der Fehlfunktionen der *peer review* zeigen allerdings, dass die Mängel des Systems nicht die Schuld von unrechtmäßig zu Einfluss gelangten Wissenschaftlern sind. Der ›Matthäus-Effekt‹ ist vielmehr systematisch erzeugt. Zum einen unterstellt das idealtypische Modell einer egalitär meritokratischen Kommunikation über Wissensansprüche die umfassende Informationsverarbeitung aller relevanten beteiligten Wissenschaftler. Zum anderen impliziert die Klage über den geringen Konsens in den *peer review*-Verfahren die Annahme homogener Bewertungen wissenschaftlicher Arbeiten durch die Mitglieder der jeweiligen *scientific communities*. Beides ist unrealistisch. Der Kommunikationsprozess überlastet die an ihm Beteiligten, selbst in den jeweils auf Spezialgebiete beschränkten kommunikativen Gemeinschaften kann nicht jeder alles lesen, was die Kollegen geschrieben haben. Da die Rezeption wissenschaftlicher Informationen zudem unterschiedlichen Interpretationen unterliegt, ist mit einer unterschiedlichen Bewertung neuen Wissens zu rechnen. In einigen Disziplinen ist der Konsens zudem geringer, z. B. in den Geisteswissenschaften, als in anderen, den Naturwissenschaften, und an der Forschungsfront ist der Konsens *per definitionem* geringer. Dort geht es ja gerade um die Diskussion neuer Wissensansprüche (vgl. Hargens 1988; Cole et al. 1988). Mit anderen Worten: Der wissenschaftliche Kommunikationsprozess unterliegt aus inhärenten Gründen Strukturierungen. Luhmann hat deshalb auch auf die Funktion der Reputationszuweisung aufmerksam gemacht: Aufgrund der unausweichlichen Überlastung mit Informationen fokussiert die Reputation die Aufmerksamkeit auf die relevantesten Arbeiten. Die Reputation einzelner Wissenschaftler, ihre hervorgehobene Stellung in der Kommunikation und ihre darauf gründende Privilegierung in Gestalt besonderer Ressourcenzuweisung sind Indikatoren vergangener Leistungen und dienen als Indizien für zukünftige. Die Gefahr einer Verselbstständigung ist immer gegeben, aber im Wissenschaftssystem unterliegt erworbene Reputation immer der möglichen Überprüfung (vgl. Luhmann 1970).

Die These, dass die Strukturierung des wissenschaftlichen Kommunikationsprozesses inhärenter Natur ist, wird durch deren Stabilität eindrucksvoll empirisch bestätigt. Bereits 1926 hat Alfred Lotka (1880-1949) gezeigt, dass die Zahl der Autoren, die n Artikel produzieren, umgekehrt proportional zu n^2 aller publizierender Autoren ist (vgl. Lotka 1926).[11] Dieses Muster, das wegen seiner Allgemeingültigkeit als ›Lotkas Gesetz‹ bezeichnet wird, gilt für alle möglichen Forschungsgruppen innerhalb der Wissenschaft. Das Gesetz bildet die ›elitäre‹ Struktur der Wissenschaft anhand des Indikators der Produktivität ab, der mit Reputation korreliert. Es besagt, dass es in jeder Fachgemeinschaft ein starkes Ungleichgewicht unter den Wissenschaftlern hinsichtlich ihrer Publikationsaktivität gibt. Nimmt man an, dass die produktiven Wissenschaftler auch diejenigen mit der höchsten Reputation sind, dann entspricht die Sozialstruktur der Wissenschaft auch weitgehend ihren Belohnungsmechanismen.

Lotkas Gesetz und seine Weiterentwicklung durch Derek de Solla Price (1922-1983) haben eine wissenschaftspolitisch orientierte Diskussion darüber ausgelöst, ob es möglich ist, mit dem

Ziel der Kostenersparnis den Wissenschaftlern die Förderung zu versagen, die sich am unteren Ende der jeweiligen Produktivitätsskala befinden. Eine endgültige Antwort auf diese Frage gibt es nicht, aber Zweifel an dieser Strategie sind berechtigt. Zum einen reproduziert sich die Struktur auch in einer entsprechend in ihrer Größe reduzierten Gruppe, so dass es keine eindeutige Grenze der Begrenzung einer Kommunikationsgemeinschaft gibt. Zum anderen ist nicht im Voraus klar, ob die innovativen Beiträge tatsächlich aus den Reihen der hochproduktiven Wissenschaftler kommen.

Aufgrund der bisherigen Betrachtungen wird der Eindruck vermittelt, dass die Sozialstruktur der Wissenschaft allein auf die Funktionsweise der internen Reputationszuweisung zurückzuführen ist. Vor diesem Hintergrund besteht das mit dem ›Matthäus-Effekt‹ bezeichnete Problem in einer Verselbstständigung der Reputation. Man könnte dann von einer ›Gerinnung‹ der Reputation zu Macht sprechen, die nicht mehr unmittelbar an Leistung rückgebunden ist.[12] Der Mechanismus der wissenschaftsinternen Bewertung ist jedoch nicht vollkommen gegenüber der Gesellschaft abgeschlossen. Partikularistische Kriterien, die dem universalistischen Kommunikationsideal ›wahren‹ Wissens entgegenstehen, wirken nach wie vor und bilden eine zusätzliche Störung der universalistischen Kommunikation.

Ein Beispiel für diese Form der gesellschaftlichen Beeinflussung der wissenschaftsinternen Reputationsstruktur ergibt sich aus der gewachsenen Bedeutung der Massenmedien, insbesondere ihrer Funktion für die Aufmerksamkeits- und Legitimationsbeschaffung. Der Rekurs seitens der Wissenschaft auf eine außerwissenschaftliche Öffentlichkeit hat eine lange Tradition. Dabei handelt es sich letztlich um den Versuch, innerwissenschaftliche Konflikte durch allgemeine soziale Zustimmung zu entscheiden und abzuschließen (z.B. im frühen Streit um den Darwinismus oder, in seiner derzeitigen Ausprägung, in der primär inneramerikanischen Auseinandersetzung zwischen Evolutionstheoretikern und ›Kreationisten‹). Unter bestimmten Bedingungen wählen Wissenschaftler zuweilen den strategischen ›Umweg‹ über die Öffentlichkeit. Das geschieht insbesondere in Krisensituationen, die nicht von der *scientific community* selbst gelöst werden können, wie die Etablierung der Grenzen einer neuen wissenschaftlichen Disziplin oder eines kontroversen neuen theoretischen Programms innerhalb einer Disziplin (vgl. Bucchi 1996: 382f.). Es geht also um die Mobilisierung von Legitimität im Hinblick auf die Sicherung und gegebenenfalls Expansion der Grenzen gegenüber der gesellschaftlichen Umwelt und die Konfliktregelung im Innern (vgl. Weingart 2001: Kap. 6).

Die Interferenz gesellschaftlicher Aufmerksamkeitskriterien mit der innerwissenschaftlichen Kommunikation verspricht intensiver zu werden. Durch die Allgegenwart der Medien erlangt für Wissenschaftler *Prominenz* in den Medien eine zunehmende Bedeutung, insoweit sie sich zumindest potenziell in Ressourcenzuweisung übersetzen lässt. Einige Wissenschaftler suchen bewusst die Rolle des Medienstars (vgl. Goodell 1977). Sozialstrukturell gesehen, tritt damit Medienprominenz in Konkurrenz zu wissenschaftlicher *Reputation*, d.h. die Selektionskriterien der Medien können einen Einfluss auf die Selbststeuerungsmechanismen der wissenschaftlichen Kommunikation haben (vgl. Weingart/Pansegrau 1998; s. Kap. 9 in diesem Band).

Ein anders gelagertes Beispiel des Einfluss gesellschaftlicher Werte auf die wissenschaftliche Sozialstruktur betrifft die Rolle von Frauen in der Wissenschaft und dabei u.a. die offensichtliche Diskriminierung.[13] Während auch nach Jahren der verstärkten Förderung etwa gleich viele Frauen wie Männer ein Studium aufnehmen, sinkt der Anteil der Frauen auf den nachfolgenden Karrierestufen in der Wissenschaft nach wie vor rapide ab. Der Anteil der Professorinnen liegt noch immer unter 10 Prozent, in manchen Ländern unter 5 Prozent (Felt et al. 1995, Kap. 4). Die Exklusion von Frauen ist das markanteste Beispiel dafür, dass kulturelle Werte in die Bewertungsmechanismen der Wissenschaft hineinwirken und, obwohl sie zunächst nichts mit den im Kommunikationssystem wirksamen Strukturierungsmechanismen zu tun haben, durch und in diese übersetzt werden. Frauen werden auf vielfältige Weise systematisch benachteiligt. Sodann erscheinen sie im Hinblick auf Publikationen im Vergleich zu den Männern als weniger produktiv, was wiederum ihre geringere Reputation und die Fortsetzung der Benachteiligung legitimiert. Kurz gesagt:

gesellschaftliche Diskriminierung setzt sich in der Sozialstruktur der Wissenschaft fort (vgl. Zuckerman et al. 1991).

Was für Frauen gilt, lässt sich in ähnlicher Weise auch für andere, rassisch bzw. ethnisch definierte Gruppen feststellen, die aus kontingenten historischen Gründen marginalisiert worden sind. Das augenfälligste Beispiel ist das eklatante Gefälle zwischen den Wissenschaftlern der Industrieländer und der Entwicklungsländer in Bezug auf die Teilnahme an bzw. der Sichtbarkeit in der weltweiten Wissenschaftskommunikation. Es dokumentiert auf dramatische Weise die Wirkung von kulturellen Vorurteilen, gekoppelt mit dem ›Matthäus-Effekt‹ im globalen Maßstab. Auch hier zeigt sich, dass eine allgemeine Diskriminierung schon defizitäre Eintrittsbedingungen für Wissenschaftler aus den Entwicklungsländern schafft, die sich im weiteren Verlauf nachteilig auswirken und das Urteil festigen, dass von ihnen keine relevanten Forschungsbeiträge zu erwarten sind. Die Fachzeitschriften der Entwicklungsländer sind weitgehend aus dem *Science Citation Index,* der umfassendsten wissenschaftlichen Datenbank, ausgeschlossen, so dass sie gar nicht erst international gesehen werden (vgl. Gibbs 1995; Shrum 1997).

Ein letztes Beispiel für den sozialstrukturbildenden Einfluss gesellschaftlicher Werte ist die unterschiedliche Wertschätzung, die den Disziplinen entgegengebracht wird. Die Ursachen können ideologischer, politischer oder wirtschaftlicher Art sein. Der Mechanismus, mittels dessen dieserart Präferenzen in die Sozialstruktur der Wissenschaft und damit in den wissenschaftlichen Kommunikationsprozess übersetzt werden, ist die präferenzielle Ressourcenzuweisung bzw. deren Vorenthalt. In extremen Fällen, wie z. B. die ideologisch bedingte Prioritierung der Rassenbiologie durch die Nationalsozialisten oder die analoge Diskrimierung der darwinistischen Genetik durch die sowjetische Regierung, kommt es zu direkten politischen Eingriffen, die den (dann national begrenzten) Kommunikationsprozess verzerren. Die großzügige finanzielle Förderung, z.B. der Kernphysik in der Nachkriegszeit oder der Molekularbiologie in den 1980er und 90er Jahren, gibt den betroffenen Disziplinen nicht nur erweiterte Forschungsmöglichkeiten, Wachstumschancen und damit verbunden ein größeres Gewicht auf dem Arbeitsmarkt. Sie verleiht ihnen auch ein höheres Prestige unter den Disziplinen und die damit einhergehende größere Definitionsmacht.[14] In jedem Fall gibt es unter den wissenschaftlichen Disziplinen ein Statusgefälle, das sich mit ihren realen oder von der Gesellschaft erwarteten Leistungen verändert, aber Auswirkungen auf die Produktion des Wissens insgesamt hat. Diese Zusammenhänge und die daraus sich ergebenden Folgen sind bislang noch wenig erforscht.[15]

Zusammenfassend ist festzuhalten: Mit dem Ethos der Wissenschaft sind die idealtypischen Bedingungen der wissenschaftlichen Kommunikation bezeichnet, die ihre Spezifik begründen und erklären, wie es in einer Gesellschaft zur Produktion gesicherten Wissens kommen kann. Entgegen dem universalistischen Charakter, wie er mit den Normen gesetzt ist, unterliegt der Kommunikationsprozess jedoch der Strukturbildung durch das wissenschaftsinterne Belohnungssystem. Überdies zeigt sich, dass auch außerwissenschaftliche Werte und Relevanzkriterien Auswirkungen auf die wissenschaftliche Sozialstruktur und damit auf die Kommunikation haben können.

Das folgende Kapitel betrachtet den Kommunikationsprozess der Wissenschaft zunächst aus einer übergreifenden Perspektive. Er ist der Motor des Wachstums der Wissenschaft und erklärt zugleich ihre interne Differenzierung. Wie lässt sich der Prozess quantitativ beschreiben? Welche Mechanismen sind für die Binnendifferenzierung der Wissenschaft verantwortlich?

III. Wissenschaft als Kommunikationssystem – Wachstum und Differenzierung

Wenn von der Wissenschaft als einer gesellschaftlichen Institution bzw. einem Subsystem die Rede ist, sollte man eine Vorstellung davon gewinnen, welche Bedeutung es einnimmt. Welche Bedeutung hat die Wissenschaft im Vergleich zu anderen Teilsystemen der Gesellschaft? Funktionalitäten lassen sich schlecht hierarchisieren. Ist die Wissenschaft wichtiger als die Wirtschaft? Die Frage ist offenbar nicht sinnvoll gestellt. Gleichwohl lässt sich fragen, wie viele Wissenschaftler (z. B. im Vergleich zu Priestern) in einer Gesellschaft wirken und in welchen Bereichen. Bislang ist die Rede von der Wissenschaft gewesen, ohne dass auch nur mit einer konkreten Zahl illustriert wurde, welche rein quantitative Größenordnung sie in modernen Gesellschaften hat und was das für diese Gesellschaften bedeutet. Gerade diese Perspektive muss die Wissenschaftssoziologie im Auge haben, zumal wenn sie nachhaltige Aussagen zum Charakter der Wissensgesellschaft machen will.

1. Publikation und Zitat: Kommunikation als Basis quantitativer Indikatoren der Wissenschaft

Es war freilich der Wissenschaftshistoriker de Solla Price, der als erster den Versuch unternahm, die Entwicklung der Wissenschaft in Zahlen zu erfassen und damit ein spezielles Forschungsfeld begründete: die Szientometrie. De Solla Price ging dabei methodisch neue Wege und kam zu einer Reihe erstaunlicher Einsichten (vgl. de Solla Price 1963).

Seine Ausgangsannahme war, dass man die Wissenschaft mit denselben Methoden messen können müsste, mit denen sie selbst vorgeht. Schon diese Annahme war nicht selbstverständlich, waren doch die meisten Historiker und Philosophen der Meinung, die Wissenschaft könne nicht quantitativ erfasst werden, da es sich in erster Linie um ein qualitatives Phänomen (Wissen!) handele, eine Auffassung, die sich bis heute erhalten hat und den tiefen Graben zwischen ›qualitativen‹ und ›quantitativen‹ Forschern markiert. Die Folgefrage, die Price stellte, war die nach den angemessenen Einheiten, die die Wissenschaft ›repräsentieren‹ und die quantitativ erfassbar sind. Das ist die Frage nach geeigneten *Indikatoren.* Die Suche nach Indikatoren ist auch in den Sozialwissenschaften ein längst etabliertes pragmatisches Verfahren, das es erforderlich macht, theoretisch begründete Einheiten zu definieren, die ›für die Sache selbst‹ stehen. Hier treffen nun Price' Zielsetzung und die Wissenschaftssoziologie zusammen, denn letztere kann, gegebenenfalls zusammen mit der Wissenschaftsgeschichte, die Begründungen für die Wahl bestimmter Indikatoren liefern.

Price betrachtet die Wissenschaft als Kommunikationssystem. Er wählte zuerst die Publikation, genauer: den wissenschaftlichen Artikel, als einen solchen Indikator, da er seit den Anfängen der modernen Wissenschaft im 17. Jahrhundert das zentrale Produkt wissenschaftlicher Arbeit darstellt und in seiner Grundform seit Beginn des 19. Jahrhunderts im Prinzip unverändert geblieben ist. Die Begründung ist einleuchtend: Das Wissenschaftssystem ist ein Kommunikationssystem, in dem die Ergebnisse der Forschung zwischen den Mitgliedern der jeweiligen *scientific communities* kommuniziert und der kollegialen Kritik unterworfen werden (vgl. Kap. 2,1, 4,1 in diesem Band). Nur solche Forschungsergebnisse, die in einer *scientific community* kommuniziert werden, gelten als anerkanntes, möglicherweise auch umstrittenes, aber der Auseinandersetzung für ›wert‹ befundenes, Wissen. Nur solche Ergebnisse also, die veröffentlicht sind, zählen als wissenschaftliches Wissen. Der Artikel in einem wissenschaftlichen Fachjournal ›indiziert‹ mithin wissenschaftliche Aktivität. Die Gesamtheit aller Artikel kann als ein Indikator für das Volumen wissenschaftlichen Wissens genommen werden.

Die kommunikationsbezogene Perspektive verweist auf die theoretische Begründung für einen weiteren Indikator. Das Wissenschaftssystem definiert seine Grenzen ständig selbst: Wer dazu gehört, ist in die Kommunikation einbezogen. Alle anderen können ihre Artikel nicht in den Fachzeitschriften unterbringen, stehen also ›außerhalb‹ der Wissenschaft. Die Mitglieder der *scientific community,* bzw. der jeweiligen subdisziplinären Spezialgebiete, die definitionsgemäß als Kommunikationsgemeinschaft funktionieren, sind untereinander kommunikativ verbunden. Damit ist in der Wissenschaft gemeint, dass sie ihre Forschungsergebnisse wechselseitig wahrnehmen und rezipieren, indem sie sie für ihre eigenen Forschungen verwenden. Diese Rezeption dokumentiert sich im *Zitat*. Da das Plagiat fremder Texte oder Forschungsergebnisse ein Verstoß gegen das wissenschaftliche Ethos ist, wird der Bezug auf andere Autoren durch deren Zitierung belegt. Das Beziehungsgeflecht von Wissenschaftlern in beliebigen Forschungsbereichen, die wechselseitigen Einflüsse und Kritiken bis hin zur Entstehung neuer Ideen oder gar ganzer Forschungsgebiete lassen sich folglich im Prinzip anhand der Zitierungen nachvollziehen.

Die Entscheidung über die Zugehörigkeit zur Kommunikationsgemeinschaft wird nicht von irgendeiner zentralen Instanz gefällt, sondern von ihren Mitgliedern insgesamt. Allerdings bedarf es dazu einiger institutioneller Mechanismen. Ein solcher Mechanismus ist die Zertifizierung wissenschaftlicher Kompetenz nach Abschluss eines Ausbildungsgangs, also die Erteilung akademischer Grade. In der Regel werden Fachjournale nur Publikationen von solchen Personen einer Prüfung unterziehen, die über einen entsprechenden Grad verfügen und an einer Universität oder an einem Forschungsinstitut arbeiten. Die erfolgreiche akademische Ausbildung ist ein notwendiger Kompetenznachweis und insofern ein Selektionsmechanismus, ohne den das Kommunikationssystem überlastet wäre.

Ein weiterer Mechanismus, der über die Zugehörigkeit entscheidet, ist die sog. *peer review* (vgl. Kap. 2 in diesem Band). Sie garantiert einerseits, dass die Kommunikationsgemeinschaft der Wissenschaftler vor unsinnigen, falschen und auch betrügerischen Beiträgen geschützt wird. Das gilt zumindest wiederum im Prinzip, denn in der Praxis gibt es eine Fülle von Faktoren, die zu Fehlfunktionen führen (vgl. Weingart 2001: Kap. 7).

Es ist auch schnell nachvollziehbar, dass ein so organisiertes Kommunikationssystem über einen hohen Grad an Autonomie verfügt. Es entscheidet letztlich selbst darüber, welche Fragen es wert sind, durch Forschung beantwortet zu werden, und welche nicht. Die Möglichkeiten der Gesellschaft, von außen steuernd einzuwirken, beschränken sich auf die Veränderung der Rahmenbedingungen der Forschung, auf die Bereitstellung finanzieller und infrastruktureller Ressourcen. Im Übrigen operiert das System sich selbst steuernd, und das erklärt nicht zuletzt sein enormes Wachstum wie ebenso seine fortschreitende innere Differenzierung, die von der Gesellschaft als ständig zunehmende Spezialisierung wahrgenommen wird.

Diese wenigen Zusammenhänge zwischen einzelnen Elementen des Kommunikationssystems Wissenschaft zeigen, dass die Wahl der ›Publikation‹ und des ›Zitats‹ als Indikatoren für die quantitative Vermessung der Wissenschaft gerade aus einer soziologischen Sicht gut begründet ist.[16] Die *Zahl der Publikationen* indiziert, ebenso wie ihr Aggregat, die Zahl der Fachzeitschriften, das Volumen der Wissenschaft (genau genommen, die Menge an kommunizierten Forschungsergebnissen) bzw. die ›Aktivität‹ der Wissenschaftler. Die *Zahl der Zitate* indiziert Aufmerksamkeit für Forschungsergebnisse (zustimmend oder kritisch) und insofern deren Bedeutung für den Fortgang des Forschungsprozesses. Sie wird als gleichbedeutend mit Anerkennung gewertet, was dem Mechanismus der Belohnung durch Zuweisung von Reputation entspricht.

Da es sich bei beiden Indikatoren um publikationsbezogene Einheiten handelt, werden sie auch als *bibliometrische* Indikatoren bezeichnet. Daneben lassen sich auch institutionelle (z. B. Universitäten, Forschungsinstitutionen), personelle (z. B. Wissenschaftler, Ingenieure) und finanzielle Indikatoren (i. d. R.: Ausgaben für Forschung und Entwicklung in Prozent des Bruttoinlandsprodukts) bilden. Zur Einschätzung des Wachstums der Wissenschaft sind sie ebenfalls geeignet, zumal zwischen ihnen ganz offensichtlich Zusammenhänge bestehen: Geld wird umgesetzt in die Beschäftigung von Wissenschaftlern, und diese forschen in entsprechend dazu errichteten Forschungsinstitutionen, aus denen heraus sie ihre Ergebnisse publizieren. Ob sie dabei erfolgreich sind, ist mit den institutionellen Indikatoren jedoch nicht zu beurteilen. Weder die Summe des ausgegebenen Geldes noch die Zahl der gegründeten Forschungsinstitute besagt etwas über die Qualität der Forschung. Will man etwas über die internen Differenzierungsprozesse der Wissenschaft, über die Bedeutung einzelner Wissenschaftler oder bestimmter Forschungsinstitute wissen, dann muss man sich bibliometrischer Indikatoren bedienen, insbesondere der Zitationen, der sog. ›impact-Faktoren‹ von Fachzeitschriften und der sog. ›Ko-Zitationsanalysen‹ (vgl. zu Einzelheiten van Raan 1988).[17]

Die bibliometrischen Indikatoren werden für zwei unterschiedliche Zwecke eingesetzt: In der wissenschaftssoziologischen und -historischen Forschung zur Analyse von Entwicklungsprozessen einzelner Disziplinen, von Theorieprogrammen oder wissenschaftlichen Schulen usw., in der Wissenschaftspolitik und -verwaltung zur Bewertung der Forschungsleistungen einzelner Wissenschaftler und vergleichbarer Forschungsorganisationen bis hin zur Erstellung von Rangordnungen zwischen Fakultäten und Universitäten. Diese Evaluationen sind ein Beleg dafür, dass wissenschaftssoziologisches Wissen in wissenschaftspolitische Praxis umgesetzt wird (Hornbostel 1997; van Raan 1988). Die Evaluierung der Forschung mit Hilfe bibliometrischer Indikatoren hat sich inzwischen in vielen Ländern als Instrument der Wissenschaftspolitik und des Forschungsmanagements auf der staatlichen und organisatorischen Ebene etabliert. Hier wird der Einsatz der bibliometrischen Methode in der wissenschaftshistorischen und -soziologischen Forschung ein Stück weiter verfolgt und führt zurück zu de Solla Price' Analysen des Wachstums der Wissenschaft.

2. Exponentielles Wachstum, selektive Kommunikation und Innendifferenzierung der Wissenschaft

Das erste überraschende Ergebnis, zu dem de Solla Price in seinen Forschungen kam, war die Entdeckung, dass sich das moderne Wissenschaftssystem seit seinen Anfängen im 17. Jahrhundert etwa alle 15 Jahre verdoppelt. Das entspricht seitdem einem Wachstum um rund fünf Größenordnungen. Es wächst damit schneller als die Bevölkerung; genauer, es verdoppelt sich dreimal so schnell. Zum Ende des 19. Jahrhunderts gab es auf der ganzen Welt rund 50.000 Wissenschaftler, von denen weniger als die Hälfte in der Forschung beschäftigt waren. Rund hundert Jahre später, zum Ende des 20. Jahrhunderts, gab es mehr als drei Millionen Wissenschaftler und Wissenschaftlerinnen (vgl. Felt et al. 1995: 44). Price selbst hat seine Berechnungen auf die quantitative Entwicklung der Fachzeitschriften gestützt: Seit Erscheinen der ersten Fachzeitschrift 1665, den *Philosophical Transactions* der Londoner *Royal Society*, ist die Zahl der wissenschaftlichen Journale auf die nur noch ungefähr geschätzte Größenordnung von 40.000 bis 100.000 angewachsen. Die Wissenschaft ist damit wahrscheinlich die am schnellsten wachsende Institution überhaupt.

Eine ebenso überraschende Folgerung aus diesem Befund ist, dass 80 bis 90 Prozent aller Wissenschaftler, die jemals gelebt haben, im Augenblick leben. Das erklärt die Wahrnehmung der zeitlichen Unmittelbarkeit aller wissenschaftlichen Kommunikation, die im übrigen fast so alt ist, wie die moderne Wissenschaft selbst. Eine weitere beunruhigende Folgerung: Price sah bereits für die Jahrtausendwende einen Übergang zu einer geringeren Wachstumsrate voraus, da die absurde Konsequenz weiteren exponentiellen Wachstums undenkbar sei. Dann würden nämlich zwei Wissenschaftler auf jeden Mann, Frau und Hund in der Bevölkerung kommen (Price 1971: 19).[18] Eine Wachstumsdynamik der beschriebenen Art muss offensichtlich tief greifende Folgen sowohl für die Wissenschaft selbst, d.h. für ihre inneren Organisationsformen, für ihre Kommunikationsprozesse und für die Regeln, die sie bestimmen, als auch für ihre gesellschaftliche Umwelt haben.

Die Aussage, dass die Literaturflut in der Wissenschaft von niemandem mehr überblickt werden könne, ist ein sich hartnäckig haltender Allgemeinplatz, der gleichwohl nostalgische Sehnsüchte nach den letzten Universalgenies vom Schlage Leibniz' oder Humboldts und einer einheitlichen, überschaubaren Wissenschaft hervorruft. Dabei wird de Solla Price' Hinweis auf den Effekt der Wahrnehmung der Unmittelbarkeit geflissentlich übersehen. Wie aber reagiert das Wissenschaftssystem auf den Sachverhalt, dass tatsächlich eine ständig zunehmende Flut an Literatur produziert wird? Wie ist es zu erklären, dass das System funktioniert, obgleich für alle Wissenschaftler gilt, dass sie im Hinblick auf den allergrößten Teil des fortlaufend neu produzierten Wissens genauso Laien sind, wie die alle Nichtwissenschaftler auch?

Es gibt im wesentlichen zwei miteinander verbundene Mechanismen, durch die das System auf sein eigenes Wachstum reagiert: erstens durch selektive Aufmerksamkeit und zweitens durch Innendifferenzierung. Die selektive Aufmerksamkeit besagt, dass ein Teil der gesamten Menge an produziertem Wissen einfach unbeachtet bleibt. Mehr als die Hälfte aller Publikationen wird nie zitiert, d.h., sie fällt aus dem Kommunikationsprozess heraus (vgl. Garfield 1989: 7). Diese selektive Aufmerksamkeit, die gleichbedeutend mit Rezeption des Wissens ist, konstituiert im Übrigen, wenngleich nicht allein, die Reputationsstrukturen in der Wissenschaft: Rund 80 Prozent aller Zitierungen entfallen auf nur 20 Prozent aller Artikel. D.h., die Beobachtungen von Statusunterschieden in der Wissenschaft lassen sich auf der Ebene der Kommunikationsprozesse abbilden und durch ihre Operationsweise erklären (s. Kap. 2.2 in diesem Band). Wie es zu der Selektivität der Aufmerksamkeit im Einzelfall kommt, ist weitgehend ungeklärt. Die idealtypische Annahme ist, dass die Bedeutung und Qualität des kommunizierten Wissens für die jeweilige Kommunikationsgemeinschaft die Aufmerksamkeit bestimmt (vgl. Luhmann 1970). Der Einfluss anderer, partikularistischer Faktoren ist jedoch nicht auszuschließen (s. Kap. 4 in diesem Band).

Der zweite Mechanismus, die Innendifferenzierung, ist eine Folge der Selektivität. Viele langfristig in die Vergangenheit zurückverfolgten und in die Zukunft projizierten Entwicklungen leiden unter der Annahme, dass die beobachtete Einheit über die Zeit mit sich selbst identisch bleibt. Das exponentielle Wachstum der Wissenschaft und die durch sie ausgelöste Innendifferenzierung der Wissenschaft widerlegen diese Annahme jedoch ganz eindeutig und lenken das Interesse auf Veränderungen der Institution selbst. Es mag zwar richtig bleiben, dass die Wissenschaft in ihrem Wachstum irgendwann an eine Grenze geraten wird, aber sie verändert unterdessen auch ihre Identität. Ihre Grenzen können sich ausweiten oder kontrahieren, die Abgrenzungen der Disziplinen verändern sich, und vor allem verändert sich deren Zahl und ihre innere Differenzierung.

In der Vergangenheit hat es bereits ›Brüche‹ in der Entwicklung der Wissenschaft als eine Reaktion auf das Wachstum gegeben. So ist das System der Wissenschaftsklassifikationen des 16. bis 18. Jahrhunderts im 19. Jahrhundert von dem der Disziplinen abgelöst worden. Der Grund war die kommunikative Überlastung. Die Klassifikationstechniken der beschreibenden Naturgeschichte gerieten gegen Ende des 18. Jahrhunderts an ihre Grenze und hatten die Umstellung der Erkenntnisziele auf entwicklungsgeschichtliches Denken zur Folge (vgl. Lepenies 1976). An die Stelle der Hierarchie der Wissensgebiete als Ordnungsschemata traten erst zu Beginn des 19. Jahrhunderts die Disziplinen im modernen Sinn. Die Disziplinen wurden zur zentralen Organisation der Wissenschaft und begründeten sowohl die Ausdifferenzierung der Wissenschaft als auch ihre Innendifferenzierung.

Die zwei Stoßrichtungen dieser Entwicklung waren auf der einen Seite die zunehmende Abstraktion, vor allem durch Mathematisierung, und damit die Trennung von unmittelbarer alltagsweltlicher Erfahrung. Durch die Einführung von Begriffen, Theorien und Instrumenten werden immer mehr Vermittlungsebenen zwischen Alltagserfahrung und wissenschaftlichem Wissen eingeschoben. Darin ist das Moment der *Konstruktion* wissenschaftlicher Gegenstände zu sehen (vgl. Stichweh 1984: 40ff.). Die zweite Stoßrichtung, die Innendifferenzierung, besteht in der Ausweitung der wissenschaftlichen Erkenntnisweisen und -methoden auf immer neue Gegenstände. Es ist der Übergang von Gegenständen, die an der Alltagserfahrung gewonnen waren, zu solchen, die die Disziplinen selbst konstituieren und fortan durch ihre selbstreferenzielle Operation immer weiter auffächern.[19] Dieser »wachstumsgetriebene Prozess der Spezialisierung der Wissenschaft kann infolgedessen auch als der Motor der ubiquitären *Verwissenschaftlichung* gesehen werden. Solange die Wissenschaft wächst, werden Abstraktion der Erkenntnisweise und Expansion der Gegenstandsbereiche als interdependente Mechanismen wirksam bleiben« (Weingart 2001: 118).

Es ist also nicht ausgemacht, ob die Wissenschaft als Folge ihres noch immer andauernden, wenngleich gegen Ende des 20. Jahrhunderts etwas verlangsamten Wachstums in die Krise einer ›Sättigungsphase‹ (*dynamic steady state*) geraten wird, wie sie Ziman und zuvor de Solla Price prognostiziert haben, oder ob sie sich ein weiteres Mal in ihren Erkenntniszielen und Ordnungsprinzipien grundlegend verändern wird (vgl. Ziman 1994). Schon die bisherige Entwicklung hat gezeigt, dass das auf die Hauptindikatoren bezogene Wachstum der Wissenschaft insgesamt auf verschiedene strukturverändernde Prozesse hin unterschieden werden muss. Zum einen handelt es sich um die Differenzierung nach innen, d.h. die weitergehende Spezialisierung nach Maßgabe der selbstreferenziellen Dynamik der Disziplinen. Zum anderen ist es die Expansion der Wissenschaft, also die Verschiebung der institutionellen Grenzen in Bereiche, die zuvor nicht zum Kanon ihrer Gegenstände gehörten. Damit ist nicht nur eine Verwissenschaftlichung der Alltagserfahrung gemeint, sondern es kann sich auch um Bereiche handeln, die neue epistemologische Zugänge erfordern und hergebrachte Unterscheidungen nicht mehr gültig erscheinen lassen. Erste Anzeichen dafür gibt es seit einiger Zeit, z.B. in Form von Diskursen über die Verflechtungen von ethischen Werten und wissenschaftlichen Erkenntnissen.

Die szientometrischen bzw. bibliometrischen Analysen über das Wachstum und die Differenzierung der Wissenschaft erweisen sich folglich nicht nur als eine überaus wichtige Methode, empirische Kenntnisse über die Entwicklung der Wissenschaft zu erhalten. Sie sind zugleich Ausgangspunkt für eine ganze Reihe wissenschaftssoziologisch relevanter Fragestellungen und theoretischer Perspektiven. Der Verweis von der intern durch die Kommunikation unterhaltene Dynamik des Systems auf die daraus sich ergebenden Folgen in seiner Umwelt wird in den anschließenden Kapiteln an einigen Beispielen verfolgt.

IV. Wissenschaftliche Entwicklung – Der Zusammenhang zwischen epistemischen und institutionellen Strukturen

Der scheinbare Widerspruch zwischen dem rationalistischen Bild der Wissenschaft, das Mertons Ethos implizierte, und den selektiven Mechanismen der sozialen Strukturen der Wissenschaft, wie sie im letzten Kapitel vorgestellt worden sind, warf eine grundsätzliche Frage auf: In welchem Verhältnis stehen epistemische, aus dem jeweiligen Forschungsprozess sich ergebende Handlungsorientierungen und soziale Orientierungen wie z. B. materielle Interessen, politische Erwägungen, ideologische oder religiöse Überzeugungen im Verhalten von Wissenschaftlern zueinander? In der Kurzformel ist es die Frage nach dem Verhältnis von ›internen‹ und ›externen‹ Faktoren in der Erklärung wissenschaftlicher Entwicklung.[20]

Bis zu diesem Zeitpunkt konnte (und wurde) Mertons Wissenschaftssoziologie als soziologisches Pendant zu Karl R. Poppers (1902-1994) Wissenschaftstheorie gesehen. Danach wird die wissenschaftliche Entwicklung dadurch vorangetrieben, dass Theorien und Hypothesen formuliert und gegebenenfalls aufgrund empirischer Überprüfung falsifiziert werden (vgl. Popper 1959, 1963).

Dieses rationalistische Bild der Wissenschaft entsprach genau demjenigen, das Merton ohne expliziten Rekurs auf die Wissenschaftstheorie mit seiner soziologischen Erklärung gezeichnet hatte. Danach wird die wissenschaftliche Entwicklung durch universalistische, unvoreingenommene, umfassende und fortwährende Kritik unter Peers vorangetrieben.

Die Fixierung auf die Gegenüberstellung von Wissenschaft auf der einen und Gesellschaft auf der anderen Seite verdankte sich der Grenzziehung zwischen Philosophie und Soziologie. Die Wissenschaftstheorie hatte die Autonomie der wissenschaftlichen Entwicklung von allen gesellschaftlichen Einflüssen postuliert, auch als eine ›dritte Welt‹, auf die diese keinen Einfluss hätten. Die sozialen Faktoren wurden in die »Fußnoten der Wissenschaftsgeschichte« (Lakatos) verbannt, da sie allenfalls bei der Entstehung wissenschaftlichen Wissens, nicht jedoch bei der Erklärung ihrer Geltung eine Rolle spielen könnten. Gemäß dieser Arbeitsteilung müsste sich die Wissenschaftssoziologie also mit der Analyse der Randerscheinungen der Wissenschaft, d.h. der ›externen‹ Bedingungen begnügen. Aus soziologischer Sicht war diese Grenzziehung unsinnig, da die Wissenschaft selbstverständlich Teil der Gesellschaft und wissenschaftliches Wissen, ungeachtet seiner Spezifität, ein soziales Produkt ist.[21] Mit der Polarität wurde aber noch ein anderer Aspekt transportiert: Die Frage, ob die Wissenschaft autonom sei oder gesellschaftlichen Einflüssen (gar politischer Steuerung) unterliege. Sie stand für lange Zeit im Zentrum der wissenschaftssoziologischen Forschung.

Haben gesellschaftliche Strukturen oder materielle Interessen einen Einfluss auf die Inhalte der Wissenschaft? Woran orientiert sich das Handeln von Wissenschaftlern? Gibt es wechselseitige Einflüsse zwischen der sozialen Organisation wissenschaftlicher Kommunikationsprozesse und den Gegenständen und den Methoden der Forschung? Bestimmen ausschließlich rationale Gründe den Verlauf wissenschaftlicher Kontroversen oder spielen z.B. rhetorische Mittel eine Rolle? Indem die Wissenschaftssoziologie Antworten auf diese Fragen sucht, demystifiziert sie unweigerlich ein seit langer Zeit etabliertes idealisiertes Bild der Wissenschaft.

1. Die Verknüpfung kognitiver und sozialer Handlungsorientierungen: Thomas S. Kuhns Paradigmen und »scientific communities«

1962 erschien ein schmales Buch, das sowohl die Wissenschaftsphilosophie als auch die Wissenschaftssoziologie nachhaltig beeinflussen sollte: Thomas S. Kuhns *The Structure of Scientific Revolutions*. Das Buch wurde zunächst nur von Wissenschaftsphilosophen wahrgenommen, errang in den Folgejahren jedoch Weltruhm. Es wurde erst mit mehrjähriger Verspätung von Wissenschaftssoziologen rezipiert, hatte dann aber einen entscheidenden Einfluss auf die weitere Entwicklung des Fachs: Kuhns *Structure* leitete die Abkehr von der institutionalistischen Wissenschaftssoziologie (Mertons) und einen sog. *cognitive turn* ein.[22] Die aus soziologischer Sicht ›revolutionäre‹ These Kuhns war, vereinfacht gesagt, die, dass wissenschaftliche Entwicklung nicht dem Muster des inkrementellen und kumulativen Fortschritts folgt, wie es Poppers Falsifikationismus und Mertons Ethos darstellten, sondern einer Abfolge von *Revolutionen* ist, die jeweils von Perioden ›normaler Wissenschaft‹ gefolgt sind. Die Revolutionen, so Kuhn, werden ausgelöst, wenn die Zweifel an einem geltenden *Paradigma* aufgrund einer wachsenden Zahl von durch die Forschung hervorgebrachten *Anomalien* so groß werden, dass innovative Wissenschaftler ein neues Paradigma formulieren. Solche Anomalien sind, anders als die Bezeichnung es vermuten lässt, nichts Ungewöhnliches. Sie treten nach längeren Perioden der ›normalen Wissenschaft‹ auf, wenn die Forschung das bestimmende Paradigma erschöpft und an seine Grenzen geführt hat. Die wissenschaftliche Entwicklung wird als Abfolge von ›Revolutionen‹ betrachtet, weil das alte Paradigma durch ein neues ersetzt wird. Das jeweilige Gebiet wird »auf neue Grundlagen« gestellt (Kuhn 1973: 119). Für die beteiligten Wissenschaftler vollzieht sich ein ›Gestaltswitch‹. Das alte und das neue Paradigma sind inkommensurabel, d.h. nicht durch rationale Argumente aufeinander beziehbar. Oftmals bewirkt erst ein Generationswechsel die Ablösung des alten Paradigmas durch das neue, weil die Macht der etablierten Wissenschaftler nicht anders gebrochen werden kann.[23]

Kuhns ›Theorie‹, wenn man sie als solche bezeichnen will, kann als soziologische Theorie wissenschaftlicher Entwicklung interpretiert werden, die in einem zentralen Punkt von Merton abweicht. An die Stelle allgemeiner Normen tritt das ›Paradigma‹, d.h. ein wie vage auch immer definierter Verweis auf wissenschaftliche Inhalte: Modelle, Exemplare, Theorien, Konzepte.[24] Das jeweilige Paradigma hat einen analogen Status zu dem der Normen, d.h., es ist handlungsleitend für die ihm verpflichteten Wissenschaftler bzw. präziser für die betreffende Kommunikationsgemeinschaft oder *scientific community*. Das einer bestimmten Gruppe eigene Paradigma orientiert ihr Handeln, es strukturiert den Erkenntnisprozess, bestimmt die Probleme und legitimiert deren Lösungen. In diesem Bezug auf die *scientific commu-*

nity sieht Kuhn die ›soziologische Basis‹ seiner Position (vgl. Kuhn 1970: 252). Aufgrund dessen sind *scientific communities* für Kuhn und die an ihn anschließenden Wissenschaftssoziologen gleichbedeutend mit den ›Paradigmengruppen‹; sie sind sowohl Argumentations- (bzw. Kommunikations-) als auch Handlungszusammenhänge. Damit eröffnete Kuhns Theorie der Wissenschaftssoziologie die Tür zur soziologischen Analyse wissenschaftlicher *Inhalte* und deren Verknüpfung mit der wissenschaftlichen Sozialstruktur, d.h. einer soziologischen Theorie wissenschaftlicher Entwicklung. Das zumindest war die Erwartung der sich als ›*cognitive sociology of science*‹ bezeichnenden Ansätze in der Folge Kuhns.[25]

Zwei soziologische Mechanismen werden für die Vermittlung sozialer und kognitiver Strukturen relevant: Sozialisation und Institutionalisierung. Das eine spezialisierte Kommunikationsgemeinschaft konstituierende Paradigma wird durch Sozialisation (Ausbildung, Lehrbücher etc.) vermittelt und durch die Errichtung von Lehrstühlen und die Gründung von Zeitschriften und Universitätsdepartments institutionalisiert (vgl. Weingart 1976: Kap. 2). Kritik richtete sich gegen die vage Begriffsbestimmung des Paradigmas und die zirkuläre Abgrenzung gegenüber den Paradigmengruppen, d.h. also den je spezifischen *scientific communities.*[26] Kuhn suchte diese Kritik mittels des Konzepts der ›disziplinären Matrix‹ zu entkräften. Das hat zwar nicht die erhoffte Präzision gebracht, aber die weitergehende Differenzierung von kognitiven Orientierungen nahe gelegt. Danach bezeichnet die disziplinäre Matrix die »ganze Konstellation von Meinungen, Werten und Techniken usw., die von den Mitgliedern einer Gemeinschaft geteilt werden« (Kuhn 1972: 287).

Mit dem Konzept der disziplinären Matrix waren die epistemischen Einheiten generell als Handlungsorientierungen etabliert. Offenkundig wandelt sich die Wissenschaft nicht nur in Revolutionen. Revolutionen in einem Spezialgebiet erstrecken sich nicht notwendig auf alle anderen. Außerdem lassen sich begriffliche Neuerungen von theoretischen Umbrüchen größerer Tragweite unterscheiden. Die entscheidende Frage ist folglich, welche Veränderungen der kognitiven Elemente der disziplinären Matrix *in welchem Zeitraum für wen* relevant sind. Die Unterscheidung verschiedener Wandlungsintervalle und Geltungsbereiche für die Elemente der Matrix und übergreifender sozialer Normen erlaubt es, revolutionäre und kontinuierliche Wandlungsprozesse zusammen zu deuten und darüber hinaus als das Ergebnis von Wechselwirkungen zwischen epistemischen und sozialen Strukturen (vgl. Weingart 1976: 46ff.).

In der wissenschaftssoziologischen Theorieentwicklung verschiebt sich damit die Ausgangsfrage, wie sie Merton formuliert hatte. Es geht jetzt nicht mehr primär um die Bedingungen der Möglichkeit gesicherten Wissens in der Gesellschaft, sondern um die Frage, in welcher Weise sich gesellschaftliche bzw. soziale Einflüsse auf die Wissenschaftsentwicklung auswirken. Damit wird die traditionelle wissenssoziologische Frage wieder aufgenommen und auf die Wissenschaft gewendet. Von diesem Punkt aus spaltete sich die weitere Diskussion in einen *institutionalistischen* Ansatz, der die wissenssoziologische Perspektive auf die Wirkungsweisen der sozialen Orientierungskomplexe bzw. Verbindlichkeiten der disziplinären Matrix einschränken und zu präzisieren suchte, und in einen *radikal wissenssoziologischen* Ansatz (das sog. *strong program*), der den Einfluss allgemeiner gesellschaftlicher Interessen auf die Wissenschaft zu identifizieren suchte. Dies soll im Folgenden dargestellt werden.[27]

2. Die »scientific communities« als Kommunikationsgemeinschaften: Institutionalistische Analysen zur Entstehung und Entwicklung von Spezialgebieten

Der institutionalistische Ansatz fokussierte die Prozesse der *Entstehung* und *Institutionalisierung wissenschaftlicher Spezialgebiete* und generierte eine Vielzahl von Fallstudien (vgl. z. B. Mullins 1972, 1973; Edge/Mulkay 1976; Lemaine et al. 1976).[28]

Mullins' Studie über die Molekularbiologie zeichnet das Bild einer vierphasigen Entstehungs- und Institutionalisierungsgeschichte. Er zeigt am Fall der Forschung an Kleinstlebewesen, den Phagen, die die Molekularbiologie begründet hat, wie ausgehend von der Kommunikation zwischen einigen wenigen Wissenschaftlern, der Paradigmengruppe, sich allmählich ein Kommunikationsnetzwerk herausbildet. Die erste Phase ist nur durch die intellektuelle Übereinstimmung einiger Forscher geprägt, die aus verschiedenen Gebieten stammen und eine neue Sichtweise auf ein gemeinsames Problem einnehmen – hier einen informationsbasierten Zugang auf das Problem, wie lebende Materie Erfahrungen speichert und perpetuiert. Die zweite Phase ist durch die Entstehung eines Kommunikationsnetzwerks gekennzeichnet. Die Verbindungen zwischen Wissenschaftlern, die auf demselben Gebiet arbeiten, nimmt zu, die Zahl der unabhängigen Wissenschaftler nimmt dagegen ab. Das Netzwerk wächst durch die Rekrutierung von Studenten und jungen Wissenschaftlern. Die dritte Phase der Gruppen-(Cluster-)bildung setzt in dem Augenblick ein, in dem sich die Wissenschaftler ihrer Kommunikationsbeziehungen bewusst werden, Grenzen ziehen, nicht zuletzt durch Namensgebung, und damit Identität konstituieren. Die Innenbeziehungen nehmen an Stabilität zu. In diesem Stadium kommt es zur Formulierung eines verbindlichen ›Dogmas‹. Die letzte Phase schließlich ist die Bildung eines Spezialgebiets, d.h. die Institutionalisierung regulärer Prozesse der Rekrutierung und Ausbildung, von Mitgliedschaftsprüfungen, Zeitschriften, Konferenzen usw. Die Mitglieder des Gebiets nehmen ihre Arbeiten wechselseitig wahr und verfolgen gemeinsame Fragestellungen nach dem Muster des *puzzle solving*, wie Kuhn es genannt hat (vgl. Mullins 1972).

Mullins' Modell ist der Versuch, durch die historische und soziologische Rekonstruktion der Entstehung von spezialisierten Forschungsgebieten die wechselseitige Bedingtheit von Gruppenstrukturen und inhaltlichen Entwicklungen zu zeigen, die Kuhn eher abstrakt postuliert hatte.[29]

In einer weiteren Arbeit (vgl. Griffith/Mullins 1974) wird das Modell verallgemeinert und theoretisch zugespitzt. Die Auswertung einer ganzen Reihe ähnlicher Untersuchungen und historischer Arbeiten lässt den Autoren zufolge den Schluss zu, dass die feststellbaren Kommunikationsmuster in den verschiedensten Disziplinen zu finden sind. Diejenigen Gruppen, die eine radikale konzeptuelle Reorganisationen ihres Fachgebietes vornehmen, erhöhen bewusst und aktiv ihren Kommunikations- und ihren

Organisationsgrad und versuchen, strategisch auf ihre Umwelt einzuwirken, um Ressourcen zu erlangen. Die Abgrenzung nach außen gegenüber anderen Gruppen mit konkurrierenden Forschungsprogrammen wird ebenso aktiv betrieben und durch die Behauptung innovativer ›Durchbrüche‹ oder ähnliches propagandistisch untermauert. Damit wird die Kohäsion der Gruppe gestärkt. Häufig organisieren sich diese Gruppen um einen intellektuellen Führer, der gegebenenfalls auch durch einen organisatorischen Führer ergänzt wird. Die Rekrutierung neuer Mitglieder richtet sich primär auf Nachwuchsforscher, Studenten und Doktoranden, die die Fortsetzung des Forschungsprogramms vornehmen sollen.

Die Untersuchungen zur Entstehung von Spezialgebieten haben mehrere wichtige Erkenntnisse über die Produktion wissenschaftlichen Wissens geliefert. Ungeachtet der berechtigten Kritik an Kuhns Paradigmakonzept haben gerade die durch ihn inspirierten empirischen Studien gezeigt, dass die soziale Organisation wissenschaftlicher Gemeinschaften und wissenschaftliche Kommunikationsstrukturen erstaunlich isomorph sind. Sie zeigen damit auch, dass die rationale Rekonstruktion der wissenschaftlichen Kommunikationsstrukturen, wie sie die Wissenschaftstheorie propagiert, eine Idealisierung ist. Sie blendet aus, dass bahnbrechende konzeptuelle Veränderungen allererst durch das strategische Handeln von Gruppen etabliert und durchgesetzt werden, gerade weil es in den Umbruchphasen wissenschaftlicher Entwicklung keine rein rationalen Beweise für neue Wissensbehauptungen gibt, sondern neue Forschungsprogramme formuliert werden, deren weitreichende theoretische Implikationen erst durch längere Forschungsprozesse ausgelotet werden müssen. Die ›kohärenten sozialen Gruppen‹, die ›ihr‹ Programm aktiv vertreten, verhalten sich strategisch: Nach innen organisieren sie sich, um den sozialen Zusammenhalt und die Verpflichtung auf ihr ›Dogma‹ zu sichern; nach außen wirken sie strategisch auf ihre Umwelt ein (zu der auch die mit ihnen in inhaltlicher Konkurrenz stehenden Forscher zählen), indem sie die institutionellen Voraussetzungen für ihren Bestand und ihr Wachstum zu schaffen suchen.

Diese Perspektive ist im Kontext der Anwendung der Theorie

der Selbstorganisation auf die Wissenschaft reformuliert und zusätzlich plausibilisiert worden. In diesem Ansatz wird zwischen einem Wissenschaftshandeln und einem Forschungshandeln unterschieden. Dies geschieht auf dem Hintergrund der Neukonzipierung der ›Intern/Extern‹-Unterscheidung, indem die Umwelt der Wissenschaft nicht erst außerhalb der institutionalisierten Wissenschaft verortet wird, sondern außerhalb der in Frage stehenden Forschergruppe. Diese verhält sich in Fragen der Publikation, der Einwerbung von Forschungsmitteln usw. strategisch. Die Orientierungen auf die Umwelt führt dann zu Rückkopplungen mit dem Forschungshandeln, also mit dem Erkenntnisprozess im engeren Sinn (vgl. Krohn/Küppers 1989: 66ff.).

Die Betonung des strategischen Gruppenhandelns als Voraussetzung der Etablierung wissenschaftlicher Innovationen legt es nahe, die wissenschaftliche Entwicklung *nur* noch als einen Prozess sozialer Machtkämpfe zu sehen.[30] Pierre Bourdieu (1930-2002) kommt dieser Sichtweise in seiner Theorie des ›wissenschaftlichen Feldes‹ nahe, wenn er den wissenschaftlichen Fortschritt als eine Abfolge ›permanenter Revolutionen‹ interpretiert, die von der jeweils nachfolgenden Generation gegenüber den etablierten Vertretern der Orthodoxien unternommen werden. Dabei geht es um die Akkumulation symbolischen und sozialen Kapitals. Allerdings sind die Konkurrenzkämpfe im wissenschaftlichen Feld sehr stark durch den Habitus geprägt, jener weitgehend unbewusst eingeübten Praktiken, die spezifisch für die jeweiligen wissenschaftlichen Felder sind (vgl. Krais/Gebauer 2002). Sie verleihen den Konkurrenzkämpfen einen gemeinsamen Rahmen, ohne den der Zusammenhalt des Feldes durch Kommunikation nicht erklärbar wäre. Bourdieu unterscheidet ebenfalls einen *autonomen* Pol des Feldes, der selbstreferenziell, also durch die intellektuelle Kommunikation, organisiert ist, und einen *heteronomen* Pol, der von ökonomischen und politischen Interessen bestimmt wird. In dieser Konstruktion ist wiederum der Versuch zu sehen, die offensichtlich nicht in reine Machtprozesse auflösbaren wissenschaftlichen Kommunikationsprozesse und die ebenfalls beobachtbaren strategischen Prozesse der materiellen Absicherung von Kommunikationen aufeinander zu beziehen (vgl. Bourdieu 1975, 1998).

Die von Bourdieu unterstellte Übersetzbarkeit von symbolischem in materielles Kapitel stellt eine weiterführende theoretische Antwort auf dieses Problem dar. Es ist plausibel, davon auszugehen, dass die Kommunikationen von Wissenschaftlern nicht nur mit Reputation belohnt werden, sondern diese wird z. B. in bezahlte Positionen übersetzt, in die Zuwendung von Stipendien und Forschungsmitteln. Dies sind alles Elemente einer materiellen Infrastruktur, die ihrerseits wiederum in die Produktion neuen Wissens zurückübersetzt werden (können). Dieser Prozess, die iterierende Übersetzung symbolischen Kapitals in materielles und umgekehrt, ist von Bruno Latour und Steven Woolgar als ›Glaubwürdigkeitszyklus‹ (*credibility cycle*) bezeichnet worden (vgl. Latour/Woolgar 1979).

Von der theoretischen Seite her ist es wichtig zu betonen, dass die Konstruktion des Glaubwürdigkeitszyklus die ›Falle‹ einer rein machttheoretischen Konzipierung der wissenschaftlichen Institutionalisierungsprozesse vermeidet. Eine Akkumulation nur materiellen Kapitals verschafft keine Glaubwürdigkeit in der wissenschaftlichen Kommunikation. Materielles Kapital muss erfolgreich in symbolisches (hier: innovative Forschungsergebnisse) übersetzt werden, wenn Reputation dabei entstehen soll, die wiederum die Basis für weitere Kommunikationen und die Aufmerksamkeit der Kollegen bildet. Glaubwürdigkeit lässt sich nicht durch Institutionalisierungsstrategien allein herstellen. Sie ist vielmehr das Ergebnis eines Kommunikationsprozesses, an dem immer eine Vielzahl von Wissenschaftlern teilnehmen, deren Zustimmung sich nicht erzwingen lässt. Die soziologische Perspektive auf die sozialen Handlungsstrategien liefert also notwendige Zusatzerklärungen, die die Bedingungen möglichst erfolgreicher Kommunikation, insbesondere der Institutionalisierung von Spezialgebieten, erhellen. Das ist zwar nicht gleichbedeutend mit einer Erklärung des *Ergebnisses* der Kommunikation, erhellt aber die *Rezeptionsbedingungen* neuer Wissensbehauptungen.

Ein wichtiges Nebenergebnis der soziologischen Analyse wissenschaftlicher Spezialgebiete ergibt sich damit aus dem Fokus auf den Kommunikationsprozess. Die vorherrschende Legende der Wissenschaft, die von ihr selbst befördert und von ihrem Publikum für die Realität gehalten wird, ist die verbreitete Auffassung, dass die Fortschritte in der Wissenschaft das Werk einzelner genialer Wissenschaftler sind, die mit Hilfe ihres überragenden Geistes die Geheimnisse der Natur entschlüsseln. Diese individualisierende Sicht muss erheblich relativiert werden. Besonders von Psychologen wird viel Forscherschweiß darauf verwandt, die besonderen Eigenschaften von Genies und der Bedingungen ihrer genialen Einfälle zu entschlüsseln.[31] Ihre Forschung operiert unter der impliziten Annahme, dass sich die geniale Idee, einmal von einem außergewöhnlichen Gehirn gefasst, gleichsam von allein durchsetzt. Selbstverständlich sind die klugen Köpfe, die neue Ideen haben und neue Sichtweisen auf Phänomene entwickeln, eine notwendige Bedingung für die wissenschaftliche Entwicklung. Sie sind aber nicht nur abhängig von den Erkenntnissen ihrer Vorgänger, sondern ihre konzeptuellen Innovationen müssen auch als solche erkannt und rezipiert werden. Legt man die Perspektive des Kommunikationsprozesses an, wird deutlich, dass nur Kommunikationen, die anschlussfähig sind, Eingang in den Prozess finden und damit zur Grundlage von Bewertungen werden können, u. a. auch der, als genial zu gelten. Im Übrigen kennt die Wissenschaftsgeschichte viele Beispiele dafür, dass Ideen, die sich später als genial erwiesen, zunächst abgelehnt wurden (vgl. Barber 1972). Dafür sind sowohl inhaltliche Gründe verantwortlich, wie im Fall Mendels, Pasteurs, Thomas Youngs und vieler anderer, als auch soziale. Und oft ist das Zusammenwirken beider nicht voneinander zu trennen.[32]

Der weitestgehende und bis heute überzeugendste Versuch, die unterschiedlichen Beobachtungen der *Disziplinenentwicklung* und den *Zusammenhang zwischen der epistemischen und der sozialen Organisation* der Wissenschaft in einen theoretischen Rahmen zu integrieren, ist Richard Whitleys *The Intellectual and Social Organization of the Sciences* (1984). Whitley geht von der Professionalisierungs- und Organisationssoziologie aus und konzipiert die Wissenschaften als eine Untergruppe professioneller Organisationen, deren Besonderheit darin besteht, dass sie an Reputation orientiert (*reputational organizations*) sind. Das bedeutet, dass die Wissensziele der *scientific community* ihre Arbeit bestimmen, und zugleich die Reputationskarriere der Wissenschaftler deren Beschäftigungsstatus bestimmt. Es handelt sich um Arbeitsorganisationen, deren Mitglieder die Aufgaben (*tasks*) ihrer Arbeit selbst festlegen und die Art und Weise ihrer Erreichung kontrollieren. Die Aufgaben unterscheiden sich hinsichtlich ihrer Manipulierbarkeit und Definition durch einzelne Wissenschaftler oder Gruppen über alle Disziplinen hinweg. Diese Unterschiede zwischen Disziplinen gelten auch im Hinblick auf die Struktur externer Förderquellen, die Unabhängigkeit von anderen Organisationen, die Standardisierung von Techniken und die Existenz eines formalen Kommunikationssystems, in dem die Ergebnisse der Arbeit verglichen und koordiniert werden.

Der Professionalisierungsgrad wissenschaftlicher Disziplinen bezieht sich auf das Ausmaß der Kontrolle, den die Organisation über die Arbeitsziele und den Arbeitsprozess dadurch ausübt, dass sie ein Monopol in der Herstellung und Zertifizierung bestimmter Fähigkeiten erlangt. Es ist leicht nachvollziehbar, dass die Forschung in der Industrie einen geringeren Professionalisierungsgrad hat, insofern die Arbeitsziele hauptsächlich von den Arbeitgebern festgelegt werden. Die Forscher haben keine oder nur wenig Kontrolle über die Aufgaben und über die Bewertung ihrer Leistungen. Wo hingegen, wie in der Universität und der Grundlagenforschung allgemein, die Ziele und Ergebnisse der Arbeit von der *scientific community* festgelegt werden, sind die Wissenschaften hoch professionalisiert. Für sie gilt, dass die lokalen Bedingungen einen relativ geringeren Einfluss auf die Definition der Arbeitsziele haben, verglichen mit dem, der von der vorherrschenden Auffassung im betreffenden Spezialgebiet bzw. der Disziplin ausgeht.

Diese Konzipierung der wissenschaftlichen Gebiete als ›reputationale Organisationen‹ erlaubt es, die z.T. erheblichen Unterschiede zwischen ihnen als Variationen der intellektuellen und der sozialen Organisation zu verstehen, ohne irgendeine bestimmte Form als Bezugsmodell annehmen zu müssen.[33] Die teilweise sehr unterschiedlichen disziplinären Strukturen, die auch als unterschiedliche ›Wissenschaftskulturen‹ verstanden werden, erweisen sich als verschiedene Ausprägungen von zwei Merkmalen, der Interdependenz der Mitglieder (*task interdependence*) und der Aufgabenunsicherheit (*task uncertainty*). Je spezialisierter ein Forschungsgebiet innerhalb relativ gut etablierter Forschungsfelder wird, desto abhängiger werden die Mitglieder des Gebiets voneinander, weil hochspezialisierte Beiträge zum übergeordneten theoretischen Ziel miteinander koordiniert werden und als relevante Beiträge einzuordnen sein müssen.

Die große Abhängigkeit von Kollegen zur Bewertung der eigenen Arbeit und damit der Zuweisung von Reputation führt auch zur Objektivierung von Wissensobjekten und ihrer Ablösung von den unmittelbaren Interessen der Wissensproduzenten. Die Abhängigkeit aufgrund erhöhter Spezialisierung wird noch zusätzlich durch die Konzentration und Zentralisierung von Forschungsmitteln, Publikationsmöglichkeiten usw. erhöht. Hochgradig interdependente Forschungsfelder verfügen in der Regel auch über die Zugangskontrolle zu Forschungseinrichtungen (Instrumente), über die Definition von bezahlten Positionen und über angesehene Zeitschriften. Daraus ist zu schließten, dass ihr Grad an Autonomie über ihre eigenen Zielsetzungen und ihren internen Arbeitsmarkt hoch ist. Das Paradebeispiel für all diese Merkmale ist die Hochenergiephysik.

Das zweite Merkmal, die Aufgabenunsicherheit, bezieht sich auf die intellektuelle Struktur eines Gebiets. Die Aufgabenunsicherheit ist um so geringer, je mehr Kontrolle Wissenschaftler über ihre kognitive Umwelt haben. Das bedeutet, dass die Ergebnisse der Forschung vorhersehbar und verlässlich reproduzierbar sind. Damit ist auch impliziert, dass die Bedeutung der Resultate für die dominanten Ziele klar zu benennen und weithin anerkannt ist.[34]

Beide Merkmale lassen sich kombiniert betrachten. So wird die Pluralität der Organisationsformen und epistemischen Verfassungen der Disziplinen sichtbar, ohne dass ein einheitliches Entwicklungsmodell, wie z.B. das der Physik, unterstellt wird, und mit ihm eine Zeitskala, die unterentwickelte von hochentwickelten Disziplinen unterscheidet.

Die mit Whitleys Analyseschema gegebenen Möglichkeiten sind bislang, von ganz vereinzelten Ausnahmen abgesehen, ungenutzt geblieben (vgl. Hasse 1996). So könnten z.B. die Analyse der wechselseitigen Einflüsse zwischen der inhaltlichen Disziplinenentwicklung und der Spezialisierung auf der einen Seite und den Förderstrukturen und -instrumenten oder auch des Arbeitsmarktes innerhalb und außerhalb der Wissenschaft auf der anderen Einblick in die Dynamik des Wissenschaftssystems in unterschiedlichen gesellschaftlichen Kontexten geben. Das Disziplinensystem ist gleichsam das Gehirn und die Sinnesorgane einer Gesellschaft. Seine Struktur und Entwicklung steuern seine Wahrnehmung, was wie gesehen wird und was nicht. Der weitgehend unverstandene Prozess der Spezialisierung und fortlaufenden Differenzierung der Disziplinen wird von entsprechend hilflosen Appellen zu mehr Interdisziplinarität oder Transdisziplinarität begleitet.[35] Dabei ist noch nicht einmal bekannt, wie erfolgreiche interdisziplinäre Forschung entsteht und welches die Bedingungen ihres Bestands sind (vgl. Weingart/Stehr 2000). Es ist deshalb auch kaum verständlich, warum diese Forschungslinie in der Wissenschaftssoziologie bis heute so wenig Aufmerksamkeit gefunden hat.

3. Autonomie und Heteronomie wissenschaftlicher Entwicklung – Wissenssoziologische Ansätze

Die Frage nach dem Zusammenhang zwischen epistemischen und sozialen Strukturen, vor deren Hintergrund sich die Wissenschaftssoziologie nach Kuhn den Fallstudien zur Entwicklung von Spezialgebieten zugewandt hat, stand noch im Bann der Soziologisierung der Wissenschaftstheorie. Die durch Kuhn inspirierten Versuche, den Einfluss gesellschaftlicher und damit soziologisch zu erfassender Bedingungen auf die ›Entdeckung‹ (*context of discovery*) *und* die ›Geltung‹ (*context of justification*) wissenschaftlichen Wissens zu erklären, waren also auch eine Herausforderung des etablierten wissenschaftstheoretischen Dogmas, das nicht zuletzt unter den praktizierenden Wissenschaftlern den Status eines unhinterfragt geltenden Credos hatte, weil es eine überaus wirkungsvolle Legitimation wissenschaftlicher und organisatorischer Autonomie lieferte. Dieses *vested interest* der etablierten Wissenschaft erklärt auch die Schärfe, mit der sie Ende der 1960er und Anfang der 1970er Jahre in der Bundesrepublik auf die sog. ›Finalisierungsthese‹ reagierte. In dieser Zeit des Kalten Kriegs war die Frage der Autonomie der Wissenschaft gleichbedeutend mit ihrer Freiheit von jeglicher politischer Einflussnahme und damit Gegenstand einer ideologisch besetzten und politisch sensiblen Auseinandersetzung. Deren Wurzeln reichten bis in die Zeit vor dem Zweiten Weltkrieg zurück.

Die Autoren der Studien über die ›Finalisierung‹ der Wissenschaft setzten, ihrer philosophischen Herkunft entsprechend, an den Arbeiten von Kuhn und Lakatos an und entwickelten ein Dreiphasenmodell wissenschaftlicher Entwicklung. Dem Modell zufolge ist die erste Phase der Entstehung einer neuen Wissenschaft noch stark durch pragmatische Bezüge geprägt, die die Abgrenzung des Gegenstandsbereichs und die Auswahl der Methoden bestimmen. In einer zweiten Phase schließt sich das betreffende Gebiet gegenüber Einflüssen von außen ab und unterliegt nur noch den internen Regulativen der theoretischen Entwicklung. In dieser Phase können Einflüsse von außen nicht in den autonomen Selbststeuerungsprozess der Wissenschaft eingreifen. Das Ende dieser Phase ist dadurch gekennzeichnet, dass die Theorieentwicklung ein Stadium der Reife erreicht. Damit wird das Gebiet in einer dritten Phase für externe Zwecke steuerbar. Die Anwendung der betreffenden Theorie und ihre Fortentwicklung auf spezifische Zwecke hin (Finalisierung!) verleiht der solcherart wissenschaftlich basierten Praxis jedoch eine sehr viel höhere Effektivität als der ›vorwissenschaftlichen‹ Praxis (vgl. Böhme et al. 1976).

Die Finalisierungsthese wurde von verschiedenen Seiten als Angriff auf die Autonomie der Wissenschaft angegriffen, obwohl sie dies gerade nicht war. Stattdessen versuchte sie, die epistemischen *Bedingungen* der Ausrichtung wissenschaftlicher Entwicklung an praktischen, gesellschaftlichen Zielen zu erfassen und ernst zu nehmen. Die These öffnete die Erklärung der Wissenschaftsentwicklung für die Soziologie, indem die Steuerung von außen als ein Aspekt mit eigener Problematik thematisiert wurde. ›Externe‹, d.h. wissenschaftspolitische, Steuerung der Wissenschaft und ihre ›internen‹ Widerstände wurden zum Thema einer Reihe empirischer Untersuchungen, die sich u.a. durch ihre Interdisziplinarität auszeichneten und Wissenschaftssoziologen mit

-philosophen und praktizierenden Wissenschaftlern in Verbindung brachten (van den Daele/Krohn/Weingart 1979).

Die Entwicklung dieser Forschungsrichtung hat ihren Anfang in Deutschland genommen und ist von der angelsächsischen Wissenschaftssoziologie zunächst weitgehend unbeachtet geblieben, bis sich dort Jahre später Interesse an ihr geregt hat. Blickt man heute in wissenschaftspolitische Programme, dann lesen sich die Begründungen für die (›strategische‹!) Ausrichtung der Forschung an gesellschaftspolitischen Prioritäten wie eine Neuauflage der Finalisierungsthese.[36] Mehr noch: Analysen zur Veränderung des Wissenschaftssystems aufgrund der Neugestaltung des ›Gesellschaftsvertrags‹ mit der Wissenschaft – d.h. die seit Ende des Kalten Krieges in allen westlichen Ländern beobachtbare stärkere Orientierung der Wissenschaft an wirtschaftlichen und politischen Zielsetzungen – postulieren die Entstehung eines vorgeblich neuen Typs der Wissensproduktion. Diese Analysen enthalten auffällige Parallelen zu den Finalisierungsstudien und unterstreichen deren neu gewonnene Aktualität, auch wenn sie in den Literaturverzeichnissen nicht genannt werden (vgl. Gibbons et al. 1994; s. auch Kap. 9 in diesem Band).[37]

Die Fixierung der Wissenschaftssoziologie auf die Frage der Autonomie bzw. Heteronomie der Wissenschaft in den 1960er und 70er Jahren muss sowohl in dem ideengeschichtlichen Kontext der wissenschaftstheoretischen Diskussion als auch im politischen Kontext des Kalten Kriegs gesehen werden. Schon vor dem Zweiten Weltkrieg war die Debatte über die gesellschaftliche ›Steuerung‹ der Wissenschaft gegenüber ihrer Autonomie geführt worden. Dabei wurden die entgegengesetzten Positionen, Orientierung an gesellschaftlichen Zielen vs. Autonomie der Wissenschaft, mit denen des politischen Spektrums, links und rechts, identifiziert.[38] Diese Konstellation überdauerte das Kriegsende und hatte bis in die Zeit des Kalten Kriegs Bestand.

Eine vorrangig wissenschaftshistorische Forschungsrichtung stand in der Tradition des Marxismus. Ihr Fokus lag auf den Entwicklungsphasen wissenschaftlicher Forschungsfelder und den in ihnen wirksamen ›externen‹ Einflüssen. Boris Hessen (1893-1938), ein Wissenschaftshistoriker aus der Sowjetunion, schockierte die Teilnehmer des internationalen wissenschaftshistorischen Kongresses von 1931 in Edinburgh mit einem Vortrag über die »sozialen und ökonomischen Wurzeln von Newtons ›Principia‹«, weil er getreu dem Marx'schen Basis-Überbau-Schema die wissenschaftliche Entwicklung des 17. Jahrhunderts am Beispiel Newtons auf die zeitgenössischen wirtschaftlichen und technischen Probleme zurückführte (Hessen 1931/1971). Hessen beschrieb die Situation des Transports, der Industrie und der Kriegführung im 17. Jahrhundert und die sich daraus ergebenden drängenden Probleme, wie sie von Newton und seinen Zeitgenossen wahrgenommen wurden. Aus diesen Problemen leitete er das notwendige physikalische Wissen ab, das Voraussetzung zu ihrer Lösung war. Ein Vergleich mit den Inhalten der *Principia* ergab für ihn schließlich eine ›vollständige Übereinstimmung‹ mit den Bedürfnissen von Ökonomie und Technik. Ausgehend von dieser allgemeinen Analyse der Konstitutierung der Lehre der Mechanik durch die materiellen Probleme der Zeit untersuchte Hessen sodann die Klassensituation der Epoche und deutete die Abschnitte der *Principia* und ihre Beschränkung auf die mechanischen Bewegungsgesetze als Folge von Newtons religiösen Ansichten und seiner Klassenlage.

Hessens methodischer Zugang ist streng marxistisch. Er versucht zu zeigen, dass wissenschaftliche Ideen (Überbau) durch materielle Probleme (Basis) determiniert und über die Klassenzugehörigkeit ihrer Protagonisten vermittelt werden. Dieser Ansatz hat in der Soziologie seit Karl Marx (1818-1883) eine Tradition. Er hat Max Weber motiviert, mit seiner *Protestantischen Ethik* den Nachweis zu führen, dass religiöse Ideen einen mindestens gleichwertigen Einfluss auf das Wirtschaftsleben haben, und Mertons Dissertation über die Entstehung der neuzeitlichen Wissenschaft im England des 17. Jahrhunderts liegt genau auf der Linie des Weber'schen Programms (vgl. Weber 1922a; Merton 1938/1970). Weber hatte schon überzeugend gezeigt, dass die materialistische Erklärung komplexer gesellschaftlicher Entwicklungsprozesse unzulänglich bleibt und die dichotome Trennung zwischen einer materiellen Basis, die das Handeln bestimmt, und einem ideellem Überbau als Reflex dieser Basis, nicht sinnvoll ist. Hessens Anwendung des Ansatzes auf die Entwicklung der Wissenschaft erschien den Historikern und Philosophen noch fragwürdiger, da sie die Wissenschaftsentwicklung ohnehin für autonom hielten. Aus demselben Grund hatte Karl Mannheim (1893-1947) die Wissenschaft von seiner (ebenfalls durch Marx beeinflussten) Wissenssoziologie weitgehend ausgenommen, wenngleich er letztlich eine ambivalente Position einnahm. Rationales, d.h. stark formalisiertes Wissen schien ihm einen anderen, gradlinigen Entwicklungsrhythmus aufzuweisen.[39]

In der Tradition der marxistischen Wissenssoziologie hatten eine Reihe weiterer Autoren detaillierte Analysen der für die Wissenschaftsentwicklung konstitutiven Bedeutung der Ökonomie und der Technik unternommen. Edgar Zilsel (1891-1944) untersuchte die Entstehung der neuzeitlichen Wissenschaft aufgrund der Verbindung der Künstler, der Ingenieure und der Humanisten, also von Handarbeit und Kopfarbeit im Italien der Renaissance (vgl. Zilsel 1942/1976). Ähnlich Alfred Sohn-Rethel (1899-1990), der den Strukturzusammenhang zwischen der Geldökonomie und dem wissenschaftlichen Denken analysierte (vgl. Sohn-Rethel 1970), Franz Borkenau (1900-1957) und Henryk Grossmann (1882-1950) wiederum den Zusammenhang zwischen der manufaktoriellen Produktionsform und der mechanistischen Philosophie (vgl. Borkenau 1934; Grossmann 1935). John D. Bernal (1901-1971) lieferte mit seinem Werk den umfassendsten Entwurf einer marxistischen Deutung der Wissenschaftsgeschichte (vgl. Bernal 1954).

Diese Arbeiten sind mit Ausnahme derjenigen Bernals vor dem Zweiten Weltkrieg in der Emigration entstanden und erst in den 1970er Jahren ›wieder entdeckt‹ und neu aufgelegt worden, als das Interesse an marxistischen Ansätzen in vielen Bereichen der Sozialwissenschaften groß war. Zum einen haben diese Studien gegenüber der traditionellen ›internalistischen‹ Wissenschaftsgeschichtsschreibung zeigen können, dass die Wissenschaftsentwicklung ohne den Bezug auf den gesellschaftlichen Kontext nicht plausibel darzustellen ist. Auf der anderen Seite erweisen sich die Zurechnungen konkreter Wissenselemente zu gesellschaftlichen Klassen oder Schichten, zum Entwicklungsstand der Produktivkräfte und der Technik, der, mit Marx gesagt, ›objektiven Lage‹, als viel zu grobmaschig. Zudem sind die Mechanismen der Umsetzung kollektiver Interessen in die Produktion des Wissens ohne Bezug auf die Kommunikationsprozesse innerhalb der Gruppen, die das Wissen produzieren, unklar. Das Verdienst dieser Studien ist es, auf die Strukturanalogien zwischen sozialen Interessen und den wissenschaftlichen Theorien aufmerksam gemacht zu haben. Die Kritik richtet sich jedoch dagegen, dass sie diese Analogien – methodologisch und empirisch ungedeckt – zu Kausalbeziehungen umgedeutet haben. Das marxistische Instrumentarium bleibt daher gegenüber der historischen Wissenschaftsentwicklung unterkomplex.

Ungeachtet der methodischen Probleme, die mit einer sozialhistorischen Kontextualisierung der Wissenschaftsentwicklung verbunden sind, ist die allgemeinere Fragestellung nach ihren gesellschaftlichen Bezügen damit aber nicht vollends diskreditiert. Die Wissenschaft ist eine *gesellschaftliche* Veranstaltung, sie findet nicht außerhalb der Gesellschaft statt, und folglich ist die ›a-soziale‹ Stellung, wie sie ihr in der Wissenschaftstheorie von Popper und Lakatos zugeschrieben wurde, heute nicht mehr nachvollziehbar.[40] So gestellt blieb die Frage jedoch unter dem Eindruck einer dichotomen Wahrnehmung der vermeintlich ›autonomen‹ Entwicklung wissenschaftlichen Wissens auf der einen und sozialer, ökonomischer, politischer, kultureller Entwicklung auf der anderen Seite. Eine Reihe von Analysen und theoretischen Entwürfen, die in der Tradition des marxistischen, genauer des wissenssoziologischen, Ansatzes stehen, lassen sich auch als Versuche lesen, diesen zunehmend zu verfeinern.

Die ›neueren‹ Versuche der Erklärung wissenschaftlicher Entwicklung über Interessen bzw. allgemein durch soziologische Argumente waren durch die wissenschaftsphilosophische Diskussion selbst motiviert. Kuhn, Lakatos und Feyerabend hatten die empirischen Belege für die sog. Duhem-Quine-These geliefert, wonach wissenschaftliche Theorien empirisch unterdeterminiert sind, d.h. nicht durch empirische Beobachtungsdaten allein bestimmt werden (Kuhn 1962/1973: Kap. 10; Lakatos 1974; Feyerabend 1975: Kap. 6-12). Außerdem war die Trennung von Theorie und Beobachtung schon von Popper als unhaltbar nachgewiesen worden, weil es keine voraussetzungslosen Beobachtungen gibt und diese prinzipiell theoriegeladen sind (Popper 1959/1976: Kap.

5).[41] Beide Überzeugungen lieferten gleichsam das Einfallstor für soziologische Erklärungen. Die Wahl zwischen konkurrierenden Theorien ist vor diesem Hintergrund nicht mehr rational zu treffen, sondern muss aufgrund anderer Kriterien getroffen werden, soziale Interessen kommen so ins Spiel.

An diesem Punkt setzt das sog. *strong program* von David Bloor an. Das Programm wird deshalb als ›stark‹ bezeichnet, weil es sich im Gegensatz zu Mannheims Wissenssoziologie an der härtesten Wissenschaft, der Mathematik, beweisen sollte (Bloor 1976). Bloor fordert für eine relativistische soziologische Analyse wissenschaftlichen Wissens, dass sie vier Prinzipien unterliegen müsse: *Kausalität* im Hinblick auf die Bedingungen, die wissenschaftliches Wissen hervorbringen; *Unparteilichkeit* im Hinblick auf dessen Wahrheit oder Fehlerhaftigkeit, Rationalität oder Irrationalität, Erfolg oder Misserfolg; *Symmetrie* im Hinblick auf den Erklärungstyp, insofern dieselben Arten von Ursachen wahre und falsche Überzeugungen erklären; und *Reflexivität* im Hinblick auf die Selbstanwendung dieser Prinzipien auf die Soziologie. Sein Programm führte die Wissenschaftssoziologie explizit auf einen wissenssoziologischen und damit relativistischen Weg. Es ließ aber die bekannten methodischen Probleme wissenssoziologischer Erklärung ungelöst und blieb nicht unumstritten. Andererseits gewann es so rasch an Einfluss, dass diese Probleme, obwohl in der soziologischen Diskussion längst bekannt, von den vielfach aus der Philosophie und anderen Fächern stammenden Autoren ignoriert wurden (vgl. Hasse et al. 1994: 229).

Eine Reihe von Untersuchungen, die unter dem Etikett der ›Soziologie wissenschaftlichen Wissens‹ (*Sociology of Scientific Knowledge*) figurierten, illustrieren die Grenzen des interessensoziologischen Ansatzes. Es handelt sich jeweils um Analysen historischer Fälle bzw. Episoden der Wissenschaftsentwicklung (vgl. Shapin 1979; Pickering 1981; MacKenzie 1981).

Die Autoren dieser Untersuchungen gingen von der für die Theoriewahl konstitutiven Rolle sozialer Interessen aus. Sie unterschieden dabei allgemeinere soziale von spezifischer professionellen Interessen. Entweder werden die einen oder die anderen oder eine Kombination beider in der Theoriewahl wirksam. Konkurrierende Paradigmen bzw. Bewertungen werden durch unterschiedliche instrumentelle Interessen aufrecht erhalten, die ihrerseits in Bezug zu divergierenden sozialen Interessen stehen (vgl. Barnes/MacKenzie 1979: 54). Donald MacKenzie z. B. sieht die Entwicklung der Statistik in England während des späten 19. und frühen 20. Jahrhunderts durch die unterschiedliche Haltung der konkurrierenden Gruppen geprägt, die diese gegenüber der Eugenik einnahmen. Die Eugenik vermittelte der Mittelklasse eine neue Rolle gegenüber dem Adel und den professionellen Experten größeren Einfluss in der Politik. Das offenkundige Problem einer solchen Argumentation, so plausibel sie im Einzelfall auch sein mag, besteht in der Abgrenzung des Falls und in der Deutung der unterstellten Interessenbeziehungen, abgesehen davon, dass die Natur des Interessenbegriffs vollkommen unbestimmt ist.

Zwei analytisch ambitionierte, miteinander verwandte Untersuchungen sind hier zu erwähnen, weil sie mit dem Anspruch aufgetreten sind, an die Stelle von strukturellen Analogien soziologische Kausalbeziehungen zu setzen. Paul Forman hat versucht, die Rezeption der nichtkausalen Quantentheorie in der kulturellen Sphäre Deutschlands nach dem Ersten Weltkrieg zu erklären. Sein Ausgangspunkt ist das ›intellektuelle Milieu‹, in dem die deutschen Physiker arbeiteten und in dem die Quantentheorie entwickelt wurde. Forman charakterisiert dieses Milieu als ablehnend gegenüber der analytischen Rationalität der exakten Naturwissenschaften und ihren Anwendungen. Dass es paradoxerweise in diesem ungünstigen Klima dennoch zu einer der fruchtbarsten Entdeckungen in der Geschichte der Disziplin gekommen ist, erklärt Forman durch das Bestreben der Physiker, das Image ihres Gebiets in Übereinstimmung mit den vorherrschenden Werten der Gesellschaft zu bringen (vgl. Forman 1971). Forman liefert die übliche Kritik an makrostrukturellen wissenssoziologischen Analysen gleich selbst mit: Das intellektuelle Milieu ist kaum abgrenzbar, Mechanismen der Übersetzung in ein Wissenssystem werden nicht identifiziert.

Einige dieser Probleme werden von Jonathan Harwood (1993) in seiner Untersuchung der deutschen Genetiker direkt angesprochen. Er unterscheidet Generalisten (*comprehensives*) und Pragmatiker (*pragmatists*) unter den deutschen Genetikern und erklärt die Entwicklung der entsprechenden Denkstile u.a. durch den Wertewandel, der sich im Zuge des Modernisierungsprozesses vollzieht. Die ›Mandarine‹ der deutschen Universität, die das Ideal der humanistischen Bildung repräsentierten, wurden durch eine neue soziale Schicht der Söhne von Kaufleuten und Industriellen ersetzt. Diese standen für den Typ des disziplinenorientierten Spezialisten. Ihre unterschiedlichen Denkstile hatten einen selektiven Einfluss auf wissenschaftliche Theorien. Die Plausibilität von Harwoods Analyse ergibt sich nicht zuletzt aufgrund der nahezu identischen Konzeptualisierung der sozialstrukturellen Ursachen für die Entwicklung der Denkstile und der Denkstile selbst. Auch hier wird das Problem der angenommenen Homologie zwischen sozialen und epistemischen Strukturen evident (vgl. ebd.: 16).

Gleichwohl bleibt die Frage nach den gesellschaftlichen (politischen und ökonomischen) Bedingungen, die konstitutiv für die Verfolgung bestimmter Forschungslinien sind oder die Wahl zwischen konkurrierenden Theorien bestimmen, relevant. Das Beispiel der Eugenik lässt sich hier noch einmal bemühen: Es handelt sich um einen Fall, in dem eine Theorie bzw. besser ein wissenschaftlich gestütztes sozialmedizinisches Programm (Sterilisation von Erbkranken zur Selektion der betreffenden Krankheiten aus dem Genpool) aus ideologischen Gründen durch massive politische Förderung auch dann noch am Leben gehalten wurde, als die wissenschaftliche Begründung der Realisierbarkeit des Programms entfallen war (Hardy-Weinberg-Gesetz). Das Beispiel ist ein Beleg für beides, die Rolle politischer Interventionen (ideologisch motiviert) in der Entscheidung für bzw. gegen eine Theorievariante, und den letztlich sich durchsetzenden wissenschaftlichen Diskurs (vgl. Weingart et al. 1988; sowie Kap. 2 in diesem Band). Insofern liefert der wissens- bzw. wissenschaftssoziologische Ansatz hier adäquatere Einsichten als z.B. die sonst übliche *ex post* Unterscheidung zwischen ›richtiger‹ und ›falscher‹ Wissenschaft. Die Zurechnung auf individuelle oder kollektive Interessen führt indessen nicht weiter, zumal wenn, wie in diesem Fall, die wissenschaftliche Kommunikation über die politische Intervention ›gesiegt‹ hat. Sie würde zu reiner Ideologiekritik degenerieren.

4. Soziale Faktoren in der ›Schließung‹ wissenschaftlicher Diskurse

Eine etwas andere Konzeptualisierung ›sozialer Faktoren‹ verlagert das Interesse auf die innerhalb der Wissenschaft stattfindenden Kommunikationsprozesse. Die zentrale Frage lautet jetzt: Welche *sozialen* Mechanismen können erklären, dass sich wissenschaftliche Diskurse schließen, obgleich die empirischen Evidenzen und logischen Schlussregeln dies nicht erklären können? Das von Harry Collins formulierte sog. ›empirische Programm des Relativismus‹ (EPOR) ging von der Grundprämisse aus, dass soziale Erklärungen der Inhalte wissenschaftlichen Wissens allen anderen vorangestellt werden müssten, Rationalität eine untergeordnete Rolle und die Natur, wenn überhaupt, nur eine kleine Rolle in der Konstruktion des Wissens spiele. Collins zufolge geht es bei jeder empirischen Analyse zunächst darum, die *interpretative Flexibilität* experimenteller Daten zu demonstrieren. Sodann sind die *sozialen Mechanismen* zu zeigen, mittels derer prinzipiell unentscheidbare Kontroversen dennoch zu einem Ende gebracht, d.h. die entsprechenden Debatten ›*geschlossen*‹ werden. Schließlich gilt es, die Schließungsmechanismen zu den umfassenderen gesellschaftlichen und politischen Strukturen in Beziehung zu setzen (vgl. Collins 1983, 1985: 25f.).

Collins hat sein Programm u.a. am Beispiel der Kontroverse um die Gravitationswellen illustriert. Die Kontroverse war Ende der 1960er Jahre über dem von dem amerikanischen Physiker Joseph Weber (1919-2000) behaupteten Nachweis von Gravitationswellen aufgebrochen. Es handelte sich um die Frage, ob der von ihm konstruierte Detektor diese Wellen tatsächlich messen würde. Die Diskussion war in einem ›experimentellen Zirkel‹ gefangen, da die Kalibrierung des Detektors davon abhing, ob es die Gravitationswellen gab, und umgekehrt war deren Nachweis davon abhängig, dass der Detektor sie richtig messen würde. Die »Debatte darüber, was als kompetent durchgeführtes Experiment gelten kann, wird in solchen Fällen gleichbedeutend mit der Debatte darüber, was als richtiges Ergebnis des Experiments betrachtet wird. Die Schließung der Debatte über die Bedeutung dessen, was als kompetent gilt, ist die ›Entdeckung‹ oder ›Nicht-Entdeckung‹ eines neuen Phänomens« (Collins 1985: 89). Die sozialen Mechanismen, die zur Beendigung von Kontroversen führen, bestehen nicht nur in der Kompetenz der Experimentatoren, sondern auch in rhetorischen Strategien, in Koalitionsbildungen sowie in dem Zugriff auf Fachzeitschriften usw. Im vorliegenden Fall verfügten die Gegner der Gravitationswellen-These über die besseren Möglichkeiten der Beeinflussung der weiteren wissenschaftlichen Öffentlichkeit. Collins verweist auf die weitreichenden Beziehungen der Gegner in die Industrieforschung als Erklärung für ihren ›Sieg‹ und als Beleg für den Einfluss gesellschaftlicher Interessen (vgl. Collins 1975).

Für die soziologische Analyse eröffnete Collins' Programm eine wichtige Perspektive. Sie besteht in der Wahl wissenschaftlicher Kontroversen als strategischem Forschungsgegenstand, wenn immer es um die Frage der ›Schließung‹ von Diskursen geht, die sich nicht durch experimentell erzeugte empirische Evidenz erklären lässt, und/oder in denen der experimentelle Zirkel so offenkundig zutage tritt, wie im beschriebenen Fall. Die vorgängige Behauptung, dass Rationalität dabei bestenfalls nur eine untergeordnete Rolle spielt, ist jedoch weder notwendig noch sinnvoll, da sie offenkundig ein Element in der Debatte neben anderen ist und es gerade um deren Verhältnis zueinander geht. Die radikale Soziologisierung ›vorweg‹ unterstellt nicht zuletzt einen Gegensatz zwischen sozialen und rationalen Gründen, als ob Rationalität nicht selbst sozialen Ursprungs ist. Aufgrund dieser Grenzziehung wird implizit unterstellt, dass die Schließung einer Kontroverse zugleich auch das vollständige ›soziale Aus‹ der einen Partei ist. Tatsächlich bedeutet sie oft genug nur deren Marginalisierung in der wissenschaftlichen Kommunikation, ohne sie daran zu hindern, ihre Position weiter zu vertreten. Forschung über die ›Kalte Fusion‹ wird auch viele Jahre nach der ›Schließung‹ der kurzlebigen Debatte weiter betrieben (und finanziert!). Dessen ungeachtet bleibt das Problem, unter welchen Bedingungen es zur ›Schließung‹ wissenschaftlicher Kontroversen kommt, von zentraler Bedeutung.

In diesem Zusammenhang ist noch eine weitere methodologische Variante von Bedeutung, die sich ebenfalls als Spielart der relativistischen Ansätze versteht: die von Michael Mulkay, Jonathan Potter und Steven Yearley propagierte *Diskursanalyse* der Wissenschaft. Sie vollzieht, in kritischer Distanzierung zu den relativistischen Analysen der Konstruktion von Objekten, den entscheidenden Schritt, die Diskurse nicht als Ressource zu nehmen, sondern als Gegenstand. Selbst die vermeintlich dem wissenssoziologischen Programm verpflichteten Autoren, so der kritische Ausgangspunkt, stützten sich für ihre Analysen auf die Äußerungen von Wissenschaftlern. Damit seien sie methodologisch auf das Problem verwiesen, wie aus den verschiedenen Diskursen von Wissenschaftlern diejenige Version extrahiert werden kann, die als die definitive Version des untersuchenden Soziologen gilt. Demgegenüber ist aber die methodologisch vorgängige Frage: Wie werden die Darstellungen der Wissenschaftler (und der Beobachter) von Handlungen und Überzeugungen allererst sozial generiert (vgl. Mulkay et al. 1983: 196)? Modern gesprochen, handelt es sich um die konsequente Einnahme einer Beobachterposition jenseits der Teilnehmer an den betreffenden Diskursen.

Der hauptsächliche Ertrag dieses Typs der Diskursanalyse ist der Aufweis eines spezifischen ›empirizistischen Repertoirs‹, das Wissenschaftler typischerweise verwenden, wenn sie über ihre Arbeit berichten. Wissenschaftler schreiben z.B. in einer unpersönlichen Weise, so dass der Einfluss menschlichen Handelns weitgehend ausgeblendet wird. So wird der Eindruck vermittelt, objektiv von der Natur vorgegebene Zwänge wiesen den ›richtigen‹ Weg zu ihrer Entschlüsselung. Soziale und persönliche Bedingungen erscheinen als kontingent und kontextgebunden, und sie werden immer dann eingesetzt, wenn es um die Erklärung von falschen Überzeugungen geht. Allgemein gesagt, werden also verschiedene rhetorische Repertoirs asymmetrisch für die Berichte über ›richtige‹ und ›falsche‹ wissenschaftliche Überzeugungen verwendet. Dies geschieht wiederum in unterschiedlicher Weise: In wissenschaftlichen Kontroversen werden häufiger Erklärungen für Irrtum gegeben, und folglich spielt in ihnen das ›kontingente Repertoir‹ eine größere Rolle (vgl. Mulkay/Gilbert 1982; Knorr-Cetina 1981). Die Diskursanalyse verfolgt also nicht das Ziel, wissenschaftliche Entwicklung zu erklären, sondern sie liefert Beschreibungen der interpretativen Praktiken und Repertoirs, die

Wissenschaftler in unterschiedlichen sozialen Kontexten verwenden, wenn sie über ihre Forschung berichten. Diese Selbstbescheidung ist wohltuend. Die hier propagierte Variante der Diskursanalyse bedarf keiner riskanten epistemologischen Manöver, wie sie das *strong program* für sich in Anspruch nimmt. Gleichwohl kann der diskursanalytische Blick tatsächlich einen Beitrag zum Verständnis der besonderen Überzeugungskraft verschiedener Repräsentationsformen der Wissenschaft liefern. Die Untersuchungen aus den 1980er Jahren gewinnen möglicherweise erneut in einer Zeit an Aktualität, in der die mediale Repräsentation von Wissenschaft immer wichtiger wird.

Als Fazit lässt sich festhalten, dass die dominierende Frage der Wissenschaftssoziologie, die durch Kuhns Theorie wissenschaftlicher Revolutionen und im Kontext der bis dahin geltenden Arbeitsteilung zwischen der institutionellen Wissenschaftssoziologie und der Wissenschaftsphilosophie gestellt war, nämlich in welchem Verhältnis ›externe‹ und ›interne‹ Faktoren die Entwicklung der Wissenschaft bestimmen, dass diese Frage obsolet geworden ist. Es ist selbst ein wissenschaftssoziologisch zu deutendes Phänomen, dass diese Frage nur deshalb die Gemüter für derart lange Zeit beschäftigen konnte, weil die Wissenschaftsphilosophie über ein Deutungsmonopol verfügte und damit ihre eigene Perspektive gegenüber anderen, zumal der soziologischen dominierte. In dem Augenblick, in dem aus soziologischer Sicht die Wissenschaft nicht mehr als ›außerhalb‹ der Gesellschaft stehend begriffen wurde, hatte sich das ›intern/extern‹-Problem erledigt. Die soziologischen Untersuchungen zur Entstehung und Entwicklung von Spezialgebieten und Disziplinen haben, obwohl sie der Dichotomie noch verhaftet waren, dazu ebenso beigetragen, wie die Analysen der diskursiven Strategien der Wissenschaft und der Verlaufsmuster der Diskurse. Deshalb bleiben die empirischen Ergebnisse dieser Studien auch nach wie vor relevant. Das gilt allerdings auch für das Phänomen der spezifischen Epistemologie der Wissenschaft, die dem wissenschaftlichen Wissen einen Sonderstatus unter den Wissensformen verschafft. Der praktische Erfolg dieses Wissens und seine sich auf ihn stützende soziale Geltung demonstrieren dies fortlaufend. Die weitreichenden Behauptungen der wissenssoziologischen Programme haben sich überwiegend nicht einlösen lassen, auch wenn der soziologische Blick auf den Prozess der Wissensproduktion die Reichweite der rationalistischen Deutungen der Wissenschaftstheorie erheblich eingeschränkt hat.

In den verschiedenen wissenssoziologischen Ansätzen wurde zunehmend häufig die Formulierung der ›sozialen Konstruktion‹ wissenschaftlichen Wissens verwendet. Erst mit der Wahl des wissenschaftlichen Labors als dem Ort, an dem die Genese wissenschaftlichen Wissens, die Praxis der Wissenschaftler, direkt beobachtet werden konnte, erhielt die Formulierung einen präziseren Sinn.

V. Die ›soziale Konstruktion‹ des Wissens – Laborstudien, Akteur-Netzwerk-Theorie und Experimentalsysteme

Alle bisher erwähnten relativistischen Ansätze bleiben in den Augen einiger Wissenschaftssoziologen in einem Punkt unbefriedigend: Sie setzen mit ihren Analysen dort an, wo das betreffende Wissen bereits in der Kommunikationsgemeinschaft der Wissenschaftler etabliert und weitreichend kodifiziert ist. Sie stützten sich auf die Endprodukte der Forschung, das publizierte Wissen. Wo und wie ließe sich der letztgültige Nachweis erbringen, dass sich die Praxis der Wissenschaft nicht von alltäglicher Praxis und das durch Forschung produzierte Wissen nicht von alltäglichem Wissen unterscheide?

Müsste man nicht durch die direkte Beobachtung des Forschungsprozesses ein genaueres Bild von der Art der Wissensproduktion erhalten, als es über die von Wissenschaftlerinnen produzierten Dokumente zu gewinnen ist? Vor allem aber: Was wären die Konsequenzen für den epistemologischen Sonderstatus wissenschaftlichen Wissens, wenn es sich nicht von alltäglichem Wissen unterscheiden ließe? Welche besonderen Eigenschaften, wenn überhaupt irgendwelche, würden dem wissenschaftlichen Wissen noch zugesprochen werden?

1. Das Labor als Ort der Konstruktion wissenschaftlichen Wissens

Für eine empirische Wissenschaftssoziologie lag es nahe, im Entstehungsprozess des Wissens weiter zurück zu gehen, also dorthin, wo das neue Wissen gerade produziert wird. Für die Analyse naturwissenschaftlicher Wissensproduktion ist das Labor der zentrale Ort. Ende der 1970er, Anfang der 80er Jahre unternahmen Soziologen die ersten sog. Laborstudien, teilnehmende Beobachtungen von Forschungsprozessen in Forschungslaboratorien (vgl. Latour/Woolgar 1979; Knorr-Cetina 1981).

Die Wahl des Labors als Untersuchungsgegenstand richtete sich auf diejenige Institution der Forschung, die im Verlauf der zweiten Hälfte des 19. Jahrhunderts zum zentralen Ort naturwissenschaftlicher Forschung geworden war und seither deren epistemologische Besonderheit begründet. Indem die Wissenschaft sich immer mehr in das Labor zurückgezogen hat, machte sie sich von den in der Natur ›gegebenen‹ Gegenständen unabhängig, formte sie entsprechend ihrer Fragestellungen bzw. unterwarf sie den eigens dafür entwickelten Instrumenten und Beobachtungsmethoden. Im Labor erlangt die Wissenschaft deshalb eine neue Qualität, weil sie die interessierenden Phänomene auswählen, variieren und reproduzieren kann – und weil sie all jene Aspekte, die in einem gegebenen Augenblick nicht interessieren, ignorieren kann. Dieses reduktionistische Vorgehen, das Abstrahieren von Kontexten (d.h. der ›natürlichen‹ Umwelt), von Zeit und Ort, und die Manipulation der Objekte, erwies sich als außerordentlich erfolgreich bei der Suche nach Naturgesetzen. Eine wesentliche Voraussetzung und Bedingung des Erfolgs war dabei die Trennung von der Gesellschaft: Dies stellte die gesellschaftliche Folgenlosigkeit des Experimentierens sicher.[42]

Inwiefern kann hier von der ›Konstruktion‹ wissenschaftlichen Wissens gesprochen werden.[43] Die teilnehmende Beobachtung der konkreten Forschungsprozesse hat tatsächlich mehrere Aspekte der ›Konstruktion‹ aufgedeckt. Erstens haben sie die Forschungsarbeit als eine Serie von Verhandlungsprozessen kenntlich gemacht. Zweitens decken sie die durch den Einsatz der involvierten Instrumente erfolgenden sog. ›Inskriptionen‹ als Konstruktionen auf. Sodann werden die Operationen als Konstruktionen gewertet, aufgrund derer bestimmte Behauptungen weiter kommuniziert und im Prozess zu ›Fakten‹ stabilisiert werden. Dies wird auch als eine ›Verengung der Möglichkeiten‹ interpretiert (vgl. Latour/Woolgar 1979: 176). Viertens gelten auch die Untersuchungsobjekte im Labor als Konstruktionen, da sie, zumindest in der Regel, nicht mehr mit Objekten in der Natur identisch sind, sondern speziell für die jeweiligen Forschungszwecke zubereitete Untersuchungsgegenstände, die nicht selten in industrieller Massenfertigung hergestellt werden. Hierbei handelt es sich am allerdeutlichsten um ›vermittelte‹ Natur, so dass daraus auch der Schluss gezogen worden ist, die Wissenschaft habe es nicht (mehr) mit der ›objektiven‹ Erfassung der unabhängig von ihr vorhandenen realen Welt zu tun, sondern mit einer von ihr selbst geschaffenen (Amann 1994).

Die Laborstudien legen eine mikrosoziologische Perspektive an, die auf anthropologischen und ethnomethodologischen Beobachtungsstrategien beruht. Dies beinhaltet einen möglichst theoriefreien, d.h. von vorgängig getroffenen kategorialen Unterscheidungen unbeeinflussten Zugang, der sämtliche irgendwie relevant erscheinenden Phänomene berücksichtigt. Aufgrund dieses spezifischen Blicks auf den Prozess der Wissensgenerierung haben die Laborstudien eine Reihe wichtiger Einsichten geliefert. Die Forschungsprozesse erscheinen in erheblichem Maß unbestimmt, d.h. nicht durch ihren Gegenstand determiniert. Sie sind aufgrund dessen entscheidungsgeladen, kontextuell kontingent und lokal situiert statt universell. Die Verhandlungsprozesse, die ihnen zugrunde liegen, erweisen sich gelegentlich als geradezu banal gegenüber dem von der Wissenschaftstheorie gezeichneten Bild hochgradig rationaler und von den Gegenständen determinierter Aktivität. Das im Labor produzierte Wissen bzw. die durch die Forschung aufgedeckten ›Fakten‹ erscheinen nicht als Beschreibungen der Natur, wie es das herkömmliche Bild der Wissenschaft nahe legt, sondern als Resultat verschiedener Konstruktionen, die unter diesen Bedingungen erst entstehen (vgl. Knorr-Cetina 1981).

Wie erklärt sich aber die kommunikative Vernetzung der Wissenschaftler und schließlich die Akzeptanz der Forschungsergebnisse eines Labors durch die *scientific community*, wenn der Forschungsprozess selbst so kontingent verläuft und von lokalen Bedingungen bestimmt ist? Indem die Laborstudien mittels des mikrosoziologischen Zugangs die Partikularität des im Labor produzierten Wissens ins Zentrum rücken, müssen sie die nachträgliche ›Universalisierung‹ dieses Wissens als eine weitere Konstruktionsleistung erklären. Die Laborstudien versuchen deshalb zu zeigen, wie es im Verlauf der Kommunikation zu einer Stabilisierung wissenschaftlicher ›Fakten‹ aufgrund der schrittweisen Einschränkung der Möglichkeiten und des Ausschlusses von Modalitäten der Tatsachenbehauptungen kommt. Knorr-Cetina stellt dies als die Abfolge der Forschung bis hin zur endgültigen Publikation der Forschungsergebnisse dar, in der alle Spuren der ursprünglich gegebenen Bedingungen des Forschungsprozesses beseitigt sind (vgl. Latour/Woolgar 1979: 235ff.; Knorr-Cetina 1981: Kap. 5 u. 7).

Die Laborstudien wollen, wie auch die relativistischen Ansätze der Wissenschaftssoziologie, zur Entzauberung der Wissenschaft beitragen und auf diesem Weg den epistemischen und gesellschaftlichen Sonderstatus wissenschaftlichen Wissens bestreiten. Deshalb ziehen sie aus den empirischen Befunden die weitreichende epistemologische Folgerung, wissenschaftliche Erkenntnisproduktion und das durch sie produzierte Wissen unterscheide sich grundsätzlich nicht von Alltagswissen.[44] Diese Folgerung erscheint jedoch weder zwingend, noch durch die Beobachtungen gedeckt. Es ist letztlich gerade die Einsicht in die Struktur des Forschungsprozesses selbst, die dagegen spricht: Von den kontingenten und lokal spezifischen Anfängen hin zu einer immer umfassender und öffentlicher werdenden Kommunikation, an deren Ende die qua Kommunikation stabilisierten ›Fakten‹ stehen. Genau dieser Ablauf erweist sich als die Spezifik wissenschaftlichen Wissens und rückt wiederum den Kommunikationsprozess in das Zentrum des wissenschaftssoziologischen Interesses.

Die Erklärungsmacht der Laborstudien beschränkt sich auf die jeweils beobachteten Interaktionsbeziehungen innerhalb des Labors. Die von außerhalb des Labors wirksamen Einflüsse bleiben notwendigerweise unbeachtet. Die Laborstudien sind deshalb u.a. wegen ihres ›Internalismus‹ kritisiert worden. Sie stellen eine radikale Abkehr sowohl von den institutionalistischen Ansätzen in der Tradition Mertons als auch von den wissenssoziologisch orientierten Ansätzen dar.[45] Knorr-Cetinas Konzept der ›transwissenschaftlichen Felder‹ erscheint zunächst als eine Antwort auf dieses Problem. Damit sind die Bezüge gemeint, die Wissenschaftler über die Grenzen des Labors hinaus haben und die ihre Entscheidungen im Forschungsprozess beeinflussen: zu Förderorganisationen, Ministerien, Industriebetrieben, dem Arbeitsmarkt und andere. Damit wird aber nicht etwa ein neuer Sachverhalt konstatiert, denn dass derartige Bedingungen einen Einfluss auf die Forschung haben ist bekannt. Neu ist allerdings, dass die Wirkung solcher Rahmenbedingungen bis auf die Mikroebene des alltäglichen Forschungshandelns im Labor hinab verfolgt werden. Daraus ergibt sich »das Bild eines ›seamless web‹ unterschiedlichster sozialer Faktoren, die von der Kleinwelt des Labors bis zur gesellschaftsweiten Ideologie reichen können und allesamt in manchmal höchst komplexen Wechselwirkungen die Inhalte wissenschaftlichen Wissens bestimmen« (Schimank 1995: 42).[46]

Das Konzept der ›transwissenschaftlichen Felder‹ wird von den Vertretern der Laborstudien jedoch nicht systematisch weiterentwickelt, nicht zuletzt, weil es außerhalb des mikrosoziologischen Interesses liegt. Dabei ist eine dogmatische Grenzziehung gerade an dieser Stelle ganz unnötig. Vielmehr erscheinen Laborstudien und mesostrukturelle Analysen eher komplementär zu sein, wenn nach den Übersetzungen politischer und wirtschaftlicher Bedingungen in die Forschungsstrategien der Wissenschaftler und damit letztlich nach ihrem Einfluss auf das produzierte Wissen gefragt wird.

2. Die Akteur-Netzwerk-Theorie

Die Vorstellung ›transwissenschaftlicher Felder‹ erinnert nicht zufällig an Bourdieus Konzept des ›wissenschaftlichen Feldes‹ sowie an dessen Kernstück, die Unterscheidung und wechselseitige Transformierbarkeit symbolischen und materiellen Kapitals. Michel Callon (1986) und Bruno Latour (1983, 1988, 1995a,b) haben dieses Konzept zu der sog. *Actor-Network-Theory* (ANT) radikalisiert. Dabei handelt es sich nicht um eine Theorie im strengen Sinn, sondern eher um eine Re-Konzeptualisierung im Prinzip bekannter Beziehungen zwischen sozialen Akteuren und Objekten, die jedoch unter dem Blickwinkel der ›symmetrischen Anthropologie‹ neu geordnet werden. Ausgangsannahme ist die Vorstellung, dass die Welt, in der die Menschen leben und von der sie sich ein Bild machen wollen, vielfältig ist und erst durch unsere Unterscheidungen geordnet wird. Im Zentrum dieser Unterscheidungen steht die zwischen Handlungssubjekten und Handlungsobjekten, zwischen sozialen Akteuren und natürlichen Objekten. Diese grundlegende Unterscheidung, die nicht zuletzt die Struktur der wissenschaftlichen Disziplinen und zumal das Programm der Soziologie, ›Soziales durch Soziales zu erklären‹, begründet, wird durch die ANT in Frage gestellt. Die Zuschreibung der Fähigkeit zu handeln, erfolge über nachträgliche ›Reinigungsrituale‹, die der aktiven Mitspielerrolle der Natur nicht gerecht würden. Um hinter diese Unterscheidungen und Zuschreibungen zu gelangen, werden menschliche, d.h. soziale Akteure und nichtsoziale, d.h. materiale und natürliche Objekte in symmetrische Beziehungen zueinander gesetzt, wenn es um die Generierung wissenschaftlichen und technischen Wissens geht. Den materialen Objekten, geographischen Gegebenheiten (z.B. Meer, Küsten, Wind), Tieren usw. wird der Status von ›Akteuren‹ zugeschrieben, die sich als kooperativ oder widerständig bei der Verfolgung bestimmter Erkenntnisziele erweisen und das darauf gerichtete Verhalten von Wissenschaftlern mitbestimmen können.[47] Der Erfolg von Wissenschaftlern, Wissen zu produzieren und ihm soziale Geltung zu verschaffen, ist nicht durch die ›Wahrheit‹ dieses Wissens und seine Überzeugungskraft zu erklären. Vielmehr bedarf es des geschickten Manipulierens des jeweils relevanten Netzwerks heterogener Einheiten wie Personen, technischer Artefakte und natürlicher Objekte, um deren ›Unterstützung‹ für die eigenen Ziele zu sichern. Nur wenn das Netzwerk stabilisiert werden kann, erhält das als wahr behauptete Wissen (z.B. eine Theorie) soziale Geltung.

Kernstück der ANT sind die ›Übersetzungen‹, d.h. die Überführung, von zunächst unverbundenen Elementen/Ressourcen in den Interessenzusammenhang des in Frage stehenden Netzwerks und damit deren strategische ›Gleichschaltung‹. Der Begriff verweist auf die Mehrdimensionalität von Elementen/Ressourcen und der Kontexte, in denen sie Verwendung finden können bzw. von Bedeutung sind, ebenso wie auf die erforderliche Anstrengung, Wissensbehauptungen in die Gesellschaft einzubetten und in ihr abzusichern. Letztlich ist es ein Hinweis auf die Kontingenz ebenso wie auf die Komplexität dieses Prozesses.

Vier Arten bzw. Stadien der Übersetzung werden unterschieden. Die *Problematisierung* bezeichnet den Prozess, in dem ein Problem in der Weise definiert wird, dass andere Akteure die Problemdefinition übernehmen können. *Interessement* ist die Stabilisierung der Rollen anderer Akteure entsprechend der eigenen Problematisierung. Mittels des *Enrollment* werden andere Akteure und Einheiten im Netzwerk in miteinander verbundenen Rollen verankert. Durch die *Mobilisation* schließlich werden Repräsentationsrollen erlangt, d.h. die Rolle, für andere Einheiten sprechen zu können (vgl. Callon 1986). Der mit den vier Stadien oder Momenten der Konstruktion und Stabilisierung des Netzwerks beschriebene Prozess ist gleichbedeutend mit der Etablierung der Wissens- bzw. Wahrheitsbehauptungen. Am Ende des Prozesses steht der Eindruck, dass es sich bei dem fraglichen Wissen um Tatsachen, bei den fraglichen Techniken um erfolgreiche Techniken handelt, zu denen bis auf weiteres keine Alternativen denkbar sind.[48]

Unter den Fallstudien, die zur Plausibilisierung der ANT durchgeführt wurden, ragen Callons und Latours heraus.[49] In seiner Studie zu Louis Pasteurs (1822-1895) erfolgreicher Bekämpfung der Schafspest (Anthrax) hat Latour die Elemente des Übersetzungsprozesses in exemplarischer Weise entfaltet. Die Geschichte beginnt mit Pasteurs Problematisierung der Schafspest als eine ›bakterielle Infektion‹ anstatt der bis dahin angenommenen Verursachung durch schlechte Luft oder minderwertige Weiden. Er installierte daraufhin sein Labor im ›Feld‹, d.h. bei den Bauern, wo er das Wissen der lokalen Tierärzte rezipierte und in sein bakteriologisches Paradigma übersetzte. Er übersetzte die Vorstellung der Bauern von der ›infizierten Weide‹ in das bakteriologische Konzept der ›Sporenphase‹, die erklärt, dass Weiden auch noch nach Jahren ansteckend sein können. Sodann kehrte er mit einem Krankheitsträger und dem neuen Wissen in sein Pariser Labor zurück. Dort gelang es ihm, die Krankheit experimentell und unter Laborbedingungen zu reproduzieren. Aufgrund dessen konnte Pasteur sein Labor in eine Schlüsselrolle manövrieren, insofern er dort die Lösung für das Anthraxproblem bereit hielt. Um seinen Verbündeten jedoch gesicherte Rollen im Netzwerk zu verschaffen, musste er wiederum ins ›Feld‹ hinaus und die Wirksamkeit seiner Theorie und damit des von ihm entwickelten Impfstoffs demonstrieren. Diese war jedoch nur unter der Bedingung gegeben, dass die Hygienezustände der Ställe den von Pasteur in seinem Labor geschaffenen Zuständen angepasst und die Schafe geimpft wurden. In diesem übertragenen Sinn kann man davon sprechen, dass Pasteur mit Hilfe des zunächst unscheinbaren Labors die französische Gesellschaft verändert, eben ›pasteurisiert‹ hat.

Die ANT lässt sich zunächst einmal als konstruktive Irritation herkömmlicher Denkgewohnheiten betrachten, insofern sie auf die vielfältige Abhängigkeit wissenschaftlicher Wahrheitsbehauptungen von Bedingungen verweist, die in den philosophisch gereinigten Rekonstruktionen gar nicht auftauchen. Technische Instrumente sind ebenso unverzichtbar für die Generierung bestimmter Erkenntnisse wie die Zugänglichkeit oder Manipulierbarkeit natürlicher Objekte. Mehr noch: Zur Durchsetzung von Wahrheitsbehauptungen kann es notwendig sein, soziale Akteure außerhalb der Wissenschaft zu gewinnen, ohne deren Unterstützung sie keine Geltung erlangen würden. Latours Charakterisierung Pasteurs ähnelt in vielen Hinsichten Thomas Hughes' Darstellung der Arbeit von Thomas A. Edisons (1847-1931) (vgl. Hughes 1979, 1983). Beide werden als geschickte Manager umfassender Netzwerke beschrieben, deren Wahrheitsbehauptungen sich nicht auf die Formulierung einer abstrakten Theorie beschränken, sondern die der technischen und institutionellen Gestaltung der Gesellschaft gleichkommen. Hughes spricht bezeichnenderweise von *system builders*, und seine Systeme bestehen aus ›heterogenen Akteuren‹. Sein Systembegriff unterscheidet sich dennoch von dem des Netzwerks der ANT. In Hughes' *Large-Technological Systems* bleibt es letztlich bei der hergebrachten Ordnung der Einteilung zwischen menschlichen/sozialen und nichtmenschlichen Akteuren (vgl. Hughes 1987: 54).

Unter dem Eindruck, dass die Forschung nicht nur hochgradig technikabhängig geworden ist, sondern überdies auch politikabhängig im weiten Sinn des Wortes, hat die umfassendere Perspektive der ANT gegenüber der Mikroperspektive der Laborstudien zweifellos einen analytischen Zugewinn geschaffen. Allerdings verzichtet der Ansatz auf den makrosoziologischen Erklärungsanspruch, der mit den Interessenstudien verbunden ist. Die ANT hat keinen Begriff von Sozialstruktur (Interessen, Macht, Ungleichheit) oder von institutionellen Strukturen der Gesellschaft. An deren Stelle tritt das Netzwerk als die Konstruktion machtbesessener und/oder rational handelnder Heroen, deren besondere Fähigkeiten der Netzwerkkonstruktion keiner weiteren Erklärung bedürfen. Es gibt dafür keine sozialstrukturellen oder institutionellen Erklärungen. Ein Netzwerk (z. B. nicht weniger als das ›pasteurisierte‹ Frankreich!) schafft die Ausgangsbedingungen für die Konstruktion des nächsten (vgl. Hess 1997: 109). Die ANT ist also ein heuristisches Schema, das die Suche nach den notwendigen Bedingungen anleitet, die der Geltung einer bestimmten Wahrheitsbehauptung zugrunde liegen und unabhängig von der nachträglichen Überzeugungskraft des fraglichen Wissens selbst sind. Sie plausibilisiert die *Genese* institutionalisierter und selbstverständlich erscheinender Wissenskomplexe.

Der Anspruch der ANT reicht jedoch weit darüber hinaus. Sie stellt für die Soziologie die Herausforderung dar, die »Sozialität der Dinge neu aufzugreifen und die Exklusivität von Sinn in Frage zu stellen« (Krohn 2000: 322). Ersteres hat Vorläufer in der Techniksoziologie, in der verschiedene theoretische und konzeptionelle Versuche gemacht worden sind, die in technischen Artefakten ›geronnenen‹ Interessen, Machtbeziehungen und Werte und so deren sozialen Charakter aufzudecken.[50] Die z. B. in einer Verkehrsampel, in der Wegfahrsperre eines PKW oder in den unausweichlichen Kommandos einer Computersoftware enthaltene *agency* über das Verhalten der Personen, die damit jeweils in Kontakt kommen, ist jedoch ein Sachverhalt, den kaum jemand mit sinnhaftem Handeln verwechseln wird. Wohl aber handelt es sich um Widerstände bzw. Randbedingungen, die als solche sinnhaftes Handeln mitstrukturieren.

Die vor allem auf natürliche Objekte oder Lebewesen gerichtete Unterstellung sinnhaften Handelns ist wohl eher metaphorisch zu sehen und wird von unterschiedlichen Vertretern der ANT unterschiedlich radikal gedeutet. Latour selbst sieht die Aktanten als das, was jeweils ›repräsentiert‹ ist. In seinen Fallstudien werden die natürlichen Objekte von den menschlichen Akteuren in unterschiedlicher Weise im Sinne der ›Übersetzung‹ repräsentiert. In einer neueren Arbeit wirft er die Bezeichnung und den Anspruch der ANT ganz über Bord und reduziert den mit ihr verbundenen Anspruch darauf, eine Methode zum »Reisen von einem Punkt zum nächsten, von einem Feld zum anderen« zu sein

(Latour 1999: 20). Emilie Gomart und Antoine Hennion suchen die Vorstellung sinnhaften Handelns von Objekten zu vermeiden, beschreiben das Nichtsoziale aber ›als ob‹ es handelt. Der materiellen Welt wird aus der Sicht der betrachteten Personen eine Quasi-Handlungskompetenz zugesprochen (vgl. Gomart/Hennion 1999: 230; Brown/Gross 2002).

Ob der Versuch, die Grenze zwischen menschlichen Subjekten und nichtmenschlichen Objekten einzureißen, um dadurch neue Einsichten über die Entstehung und soziale Verfestigung wissenschaftlichen Wissens zu erlangen, Bestand haben wird, bleibt abzuwarten. Aus sozialwissenschaftlicher Sicht handelt es sich um ein schwer verdauliches heuristisches Programm, das in eine Neubegründung der Epistemologie – und eine Revolution des Paradigmas – der Soziologie mündet. Plausibilität wird ihm mit Hinweis auf die rezente Erfahrung der partiellen Auflösung der Grenze zwischen sinnhaft handelnden Menschen und handelnden Maschinen in der Forschung über Künstliche Intelligenz zugeschrieben, die in der Science-Fiction-Literatur als Cyborgs und Hybride erscheinen. Für sie kann es nicht mehr von vornherein als ausgemacht gelten, dass sie nicht auch erfahren, denken und fühlen können (vgl. Haraway 1989). Es ist also die Frage, ob Phänomene dieser Art bzw. ihre entsprechende Deutung ausreichen werden, um die sehr mächtig institutionalisierte Grenzziehung zwischen sinnhaft handelnden Subjekten und widerständigen natürlichen Objekten zu verschieben, selbst wenn man geneigt ist, gewohnte ontologische Differenzen zu hinterfragen (vgl. Krohn 2000: 322). Es ist allerdings durchaus vorstellbar, dass der Soziologie ein ähnliches Schicksal widerfährt, wie zuvor der Philosophie, nämlich von weiter ausdifferenzierten Disziplinen ›zurückgelassen‹ zu werden. Der Blick richtet sich dabei vor allem auf die Evolutionäre Psychologie und die *cognitive sciences*. Dort gibt es jedoch keine Anzeichen dafür, dass dies mit einer Rückkehr zu den magischen Sinnzuschreibungen unserer distanten Vorfahren verbunden sein wird.

Die einmal gewonnenen Differenzierungen scheinen auch für die ANT unhintergehbar zu sein. Das erweist sich an ihren offenkundigen Schwierigkeiten, ihrem eigenen Anspruch einer Symmetrisierung von sozialen Akteuren und nichtsozialen Aktanten wirklich gerecht zu werden. Letztlich ist es wiederum die Konstruktion des Beobachters, die über Inklusion und Exklusion von Akteuren/Aktanden entscheidet (vgl. Krohn 2000: 322; ähnlich Gingras 1995).

3. Wissenschaftliche Praxis

Die anfänglich von den Laborstudien ausgehende Faszination der direkten ethnographischen Beobachtung der (Forschungs-)Arbeit der Wissenschaftler ist ein wenig der Ernüchterung gewichen. Der Nachweis der Alltäglichkeit ihres Tuns ist zwar erbracht, aber offenbar doch nicht um den Preis der Einebnung aller Differenzen zwischen wissenschaftlichem und Alltagswissen. Auch und gerade die Autoren der Laborstudien bemühen sich um das überzeugende Argument, und mehr noch beanspruchen sie für ihren methodischen Zugang einen privilegierten Status. Kann man der Auffassung sein, dass sich das Programm der Laborstudien, das Herzstück des ›Sozialkonstruktivismus‹ in der Wissenschaftssoziologie, letztlich nicht als ›progressiv‹ in dem Sinn erwiesen hat, dass es neue Forschungsfragen generiert, so ist jedoch das Interesse an der Rolle *wissenschaftlicher Praxis* erhalten geblieben. Es sind allerdings vorwiegend philosophische und historische Autoren, die den Fokus auf die Praxis richten. Das Interesse gilt, ähnlich wie bei den Laborstudien, den ›konstruktiven‹ Aspekten der experimentellen Laborwissenschaften, i.e. dem Nachweis, dass wissenschaftliches Wissen das Produkt von *Handlungen* ist und nicht allein von *Repräsentationen*, d.h. passiven Abbildungen. Allgemeiner gesagt geht es um die Beziehung zwischen Wissenschaftsentwicklung und experimenteller Praxis, und es ist unübersehbar, dass sich das Interesse dieser Forschung eher auf epistemische als auf soziologische Fragen richtet. Soziologisch relevant ist der mit der ›Praxis‹ zumindest implizit ins Spiel gebrachte Aspekt der ›*sozialen* Konstruktion‹ des Wissens und seiner Abgrenzung gegenüber alltäglicher Praxis. Die Möglichkeit einer solchen Abgrenzung wird von den Laborstudien vehement bestritten. Insofern die Untersuchungen zur wissenschaftlichen Praxis neue Interpretationen zum Verhältnis von Theorie und

Experiment liefern, bilden sie eine kritische Position gegenüber den wissenssoziologischen Analysen und ihrem Relativismus.

Ian Hacking, ein Wissenschaftsphilosoph, hat die Beziehung zwischen Theorie und Experiment (Empirie) als einen Abstimmungsprozess zwischen drei Komponenten charakterisiert: *Ideen* (d.h. Theorien bzw. Hypothesen), *Sachen* (die technischen Instrumente der Forschung) und *Markierungen* (Daten und Berechnungen) (vgl. Hacking 1992). Erst das aktive aufeinander Abstimmen dieser drei als relativ autonom gedachten Aspekte führt zu Ergebnissen, die als gesichert und verwertbar gelten. In ähnlicher Weise hat Pickering den Forschungsprozess als die komplexe Triangulation von *materialen Prozeduren* (z.B. die Konstruktion und Bedienung einer Messapparatur), einem *interpretativen Modell* (dem Verständnis der Funktionsweise der Apparatur) und einem *phänomenalen Modell* (dem theoretischen Verständnis des untersuchten Gegenstands) beschrieben (vgl. Pickering 1995: 48). Gerade die Erreichung dieser Übereinstimmung wird jedoch immer wieder durch ›Widerstände‹ verhindert, die der materialen Welt entspringen und das Verhalten der Forscher bestimmen. Sie können auf Inkongruenzen mit der Veränderung aller drei Komponenten antworten, sowohl mit der der Theorie als auch der der materialen Prozeduren oder der interpretativen bzw. instrumentellen Modelle. Dieser von Pickering als ›interaktive Stabilisierung‹ bezeichnete Prozess führt schließlich die Erwartungen einer Beobachtung und die Beobachtung selbst in Übereinstimmung. Was als aktive Manipulation der materialen Welt und der Instrumente zu ihrer Beobachtung begonnen hat, erscheint am Ende als ihre Abbildung. Nur dieser letzte Aspekt, dass nämlich die Wissenschaft die Abbildung der Natur leiste, taucht in ihren Selbstbeschreibungen auf und ist wesentlicher Grund der Mystifizierung der Rolle des Forschers als desjenigen, der das ›Buch der Natur zu lesen versteht‹ und seine Geheimnisse zu entschlüsseln weiß. Dies ist zugleich zumindest einer der Mechanismen, durch die das wissenschaftliche Wissen in der Gesellschaft objektiviert wird.[51]

In einer Reihe mit den auf die Praxis der Forschung gerichteten Analysen ist Rheinbergers Studie über *Experimentalsysteme und epistemische Dinge* (2001) zu nennen. Rheinbergers Weg führt zurück ins Labor, Beobachtungsperspektive und Begriffe seiner Analyse lassen indes Verwandtschaften zu systemischen Konzepten erkennen, die auch in der ANT angelegt sind. Er definiert *Experimentalsysteme* als die »eigentlichen Arbeitseinheiten der gegenwärtigen Forschung«, in denen »Wissensobjekte und die technischen Bedingungen ihrer Hervorbringung unauflösbar miteinander verknüpft [sind]. Sie sind zugleich lokale, individuelle, soziale, institutionelle, technische, instrumentelle, und, vor allem, epistemische Einheiten« (ebd.: 8). In den Experimentalsystemen greifen zwei verschiedene, jedoch in seiner Sicht nicht voneinander trennbare Strukturen ineinander. Die eine Struktur ist der Gegenstand der Forschung im engeren Sinn, den er als *epistemisches Ding* bezeichnet. Kennzeichnendes Merkmal ist die Vagheit der Begriffe, die Ausgangspunkt des Neuen in der Wissenschaft ist. Die zweite sind die *technischen Dinge*, Instrumente, Aufzeichnungsapparaturen und (in der Biologie) standardisierte Modellorganismen, die die epistemischen Dinge erfassen und »in übergreifende Felder von epistemischen Praktiken und materiellen Wissenskulturen« einfügen (ebd.: 25). Die technischen Dinge definieren den Horizont und die Grenzen des Experimentalsystems und sind zugleich die geronnenen Produkte lokaler und disziplinärer Arbeitstraditionen. Sie bestimmen die Wissensobjekte in zweifacher Hinsicht: Als Umgebung lassen sie sie hervortreten und zugleich schränken sie sie ein.

Die in den verschiedenen Ansätzen bezeichnete Selbstreferenzialität der Forschung ist von einer ganzen Reihe von Autoren behauptet und zur Grundlage weiterer Folgerungen gemacht worden. Hacking spricht von *self-vindication* und weist damit auf die zirkuläre Struktur von Theorien und den zu ihrer Überprüfung entwickelten experimentellen Apparaturen hin (vgl. Hacking 1992). Rudolf Stichweh benennt den gleichen Sachverhalt zur Kennzeichnung der (Natur-)Wissenschaft als autopoietisches System, insofern die Phänomene, die sie zum Gegenstand hat, ab dem frühen 19. Jahrhundert durch die von ihr entwickelten Instrumente hervorgebracht werden und sich das System damit operational geschlossen hat (vgl. Stichweh 1988). Im Unterschied zu dem von Collins im Rahmen seines EPOR-Programms konstatierten ›experimentellen Zirkels‹, der für ihn die Relativität wissenschaftlichen Wissens begründet, betonen Autoren wie Hacking, Pickering, Galison die Rolle der Widerstände der materialen Welt und der sich daraus ergebenden notwendigen Anpassungshandlungen und setzen damit der nahezu beliebigen, vor allem aber nicht näher spezifizierten ›interpretativen Flexibilität‹ Grenzen.[52]

Wenngleich der Aspekt der ›Konstruktivität‹ der Forschungstätigkeit durch den auf die Instrumente und das experimentelle Handeln gerichteten Fokus hervorgehoben wird, wird der Aspekt des ›Sozialen‹ bis zur Konturenlosigkeit verallgemeinert. Alle diese Analysen stehen ohne den gemeinsamen Bezug auf eine umfassende Gesellschaftstheorie für sich. Der ihnen gemeinsame Bezug ist vielmehr das Bemühen, den epistemologischen Sonderstatus der Wissenschaft einzuebnen. Ihre Gegner sind im Grunde die Philosophie und die von ihr beeinflussten Selbstbeschreibungen der Wissenschaft, die die Aspekte der ›Praxis‹, ›Arbeit‹ und ›Konstruktion‹ im Prozess der Erkenntnisgewinnung zugunsten dessen der ›Repräsentation‹ verdrängen. Einerseits haben die konstruktivistischen, netzwerkzentrierten und auf die Forschungspraxis fokussierten Analysen den kontingenten und lokalen Charakter wissenschaftlichen Wissens in dessen Entstehungsphase aufgedeckt. Letztlich arbeiten sie sich aber doch wieder an dem erstaunlichen Phänomen ab, dass dieses Wissen im Verlauf seiner Produktion und Kommunikation eine überaus wirkungsvolle Institutionalisierung erfährt. Der Beitrag der Wissenschaftssoziologie zum Verständnis der dabei wirksamen Mechanismen ist durch diese Studien gleichwohl eindrucksvoll dokumentiert.

VI. Gründe für eine Neuorientierung der Wissenschaftssoziologie

Der Nachweis sozialstruktureller Selektionsmechanismen in der Wissenschaftskommunikation stellt deren universalistischen Charakter in Frage. Der Nachweis, dass gesellschaftliche Interessen die Theoriewahl (mit-)bestimmen, verstärkt den Zweifel an der Autonomie wissenschaftlicher Entwicklung. Der Nachweis, dass soziale statt sachliche Argumente für die Schließung wissenschaftlicher Kontroversen verantwortlich sind, scheint ebenfalls zu belegen, dass sich wissenschaftliches Wissen nicht prinzipiell von anderen Wissensformen unterscheidet und sein epistemologischer Sonderstatus nicht zu rechtfertigen sei. Damit sind noch einmal die wichtigsten Stationen der Entwicklung der Wissenschaftssoziologie benannt. Die daraus im Folgenden zu ziehenden Schlüsse sollen begründen, warum im zweiten Abschnitt dieses Bandes von der theoriehistorischen auf eine systematische Darstellungsform umgestellt wird. Nach der Präsentation der wissenschaftssoziologischen ›Innenansichten‹ der Wissenschaft wenden wir uns der Frage nach der gesellschaftlichen Rolle der Wissenschaft zu. Welche Beziehungen bestehen zwischen der Wissenschaft und anderen gesellschaftlichen Teilbereichen? Welche Rolle spielt dabei der Sonderstatus wissenschaftlichen Wissens, so es ihn gibt?

Die Laborstudien und die Analysen der experimentellen Praxis haben die Wissenschaftssoziologie um die ›dichte Beschreibung‹ der Forschertätigkeit bereichert. Sie haben damit einen bis dahin nicht verfügbaren Einblick in die Mechanismen des Forschungsprozesses geliefert, die dafür verantwortlich sind, dass Wissensbehauptungen im Verlauf ihrer Kommunikation zwischen den Wissenschaftlern immer mehr ihrer kontingent erscheinenden Produktionsbedingungen entkleidet und zu allgemein geltenden ›Fakten‹ bzw. ›Wahrheiten‹ werden. Die Beschreibung dieser ›Reinigungsprozesse‹ bis hin zur Institutionalisierung ›gesicherten Wissens‹ ist ein Teil der Antwort auf Mertons Grundfrage der Wissenschaftssoziologie, die er und die von ihm begründete institutionalistische Schule nicht gegeben haben und mit ihren Mitteln auch nicht geben können. Sie ist nunmehr fester Bestandteil der Wissenschaftssoziologie. Die Laborstudien (ebenso wie in gewisser Weise auch die ANT) überziehen jedoch ihre Erklärungskraft, wenn sie aus diesen Beschreibungen den Schluss ziehen, die vermeintlich kontingente und durch lokale Bedingungen geprägte ›Konstruktion‹ des Wissens sei Beleg für dessen Alltäglichkeit und lasse jede Differenz zu anderen Wissensformen verschwinden. Es sind gerade die besonderen Regeln des Kommunikationsprozesses, die die für wissenschaftliches Wissen spezifische ›Härtung‹ erklären.[53] Das demonstriert jedoch, dass die Bedingungen der Genese des Wissens nicht vollständig erfasst sind, wenn nur die Anfangsbedingungen in die Betrachtung einbezogen werden. Die Laborstudien ersetzen nicht etwa Analysen der Besonderheiten wissenschaftlicher Organisationen, sondern sie ergänzen sie.

Ein anderer Aspekt der Programmatik des ›sozialen Konstruktivismus‹, der problematisch erscheint, ist das ›Soziale‹ selbst. Gegenüber den dem wissenssoziologischen Paradigma verpflichteten Analysen der Interessenbindung wissenschaftlichen Wissens reduzieren die Laborstudien die Vorstellung des ›Sozialen‹ auf das Verhalten einzelner Wissenschaftler, die, wie auch in der ANT, als Opportunisten und/oder rational handelnde Optimierer dargestellt werden. Die Begrenzung ihrer Handlungsoptionen durch die in den institutionellen Rahmen (Labor bzw. Forschungs- und Lehrorganisationen) geltenden normativen Zielvorgaben, Regeln und Beschränkungen werden nicht systematisch thematisiert. Gesellschaftlich vermittelte Interessen erscheinen nurmehr in Gestalt von Bezugnahmen der Wissenschaftler auf wissenschaftspolitische Förderbedingungen oder Beschaffungsprobleme der Forschungsmittel. Die ANT zieht diesen Rahmen zwar etwas weiter, verzichtet aber ebenfalls auf eine systematische Einbeziehung sozialstruktureller Bedingungen. An deren Stelle tritt das jeweils an jedem Fall neu durch den Beobachter als relevant konzipierte ›Netzwerk‹, das weniger als Bedingung des Handelns der Wissenschaftler, sondern als dessen Ergebnis erscheint.

Die wissenssoziologischen Analysen sind allerdings auch hinter ihrem Anspruch zurückgeblieben, die Entwicklung wissenschaftlichen Wissens über dessen Vermittlung durch sozialstrukturell zu verortende Interessen zu erklären. Zuallererst mangelt es an einer übergreifenden Gesellschaftstheorie, die Handeln als sozialstrukturell vermittelt erfolgreich beschreiben würde. Die Soziologie wissenschaftlichen Wissens füllt diese Lücke gewiss nicht. Der Begriff des Interesses wird zwar großzügig verwendet, ist aber tautologisch oder durch Modellannahmen (*homo oeconomicus*) geprägt. Die Mechanismen der Vermittlung zwischen Interessen und wissenschaftlichen Wissensbehauptungen sind zumindest unklar, wenn letztere nicht mit bloßer Ideologieproduktion gleichgesetzt werden sollen, ganz abgesehen von der Schwierigkeit, die Auflösungsgrade von Sozial- und Interessenstruktur einerseits und Wissenssystem andererseits in Übereinstimmung zu bringen. Die konkreteren Beispiele der versuchten ideologisch motivierten Steuerung der Wissensproduktion in autoritären politischen Systemen, die gut dokumentiert und nicht nur indirekte Analogieschlüsse sind, illustrieren die Komplexität der Beziehung zwischen Politik und Wissenschaftsentwicklung sowie die Irreduzibilität der Wissensproduktion auf das Politische.[54] Mit anderen Worten: Selbst die Produktion von Ideologien findet im Kontext und in den Formen der Wahrheitskommunikation statt.

Die bisherige Entwicklung der Wissenschaftssoziologie folgt den großen Theoriediskussionen der Mutterdisziplin. Sie lässt sich folglich, ungeachtet der phasenweisen Dominanz der einen oder anderen Theorierichtung und mit einiger Vereinfachung gegenüber den vielfältigen Verzweigungen der Argumente im Detail, als die Diskussion zwischen dem institutionalistischen, an der normativen Integration der Gesellschaft (Strukturfunktionalismus, Institutionalismus) und dem voluntaristischen, an ihrer konflikthaften Entwicklung (Konflikttheorie) orientierten Paradigma rekonstruieren. Für sie stehen die Klassiker der soziologischen Theoriegeschichte: Weber und Parsons auf der einen, Marx und Mannheim auf der anderen Seite.[55] Die Fortsetzung dieser Diskussion ergibt sich z.T. durch neue Argumente und methodische Entwicklungen. In diesem Sinn sind, spitzt man die Betrachtung auf das Spezialgebiet der Wissenschaftssoziologie zu, die Laborstudien eine methodische Neuentwicklung gewesen, die neue empirische Daten geliefert hat. Oft genug ist sie aber durch immer wieder neue Verabsolutierungen der jeweiligen Positionen gekennzeichnet. Theoretische Absolutheitsansprüche, gleich von welcher Seite sie erhoben werden, haben sich bisher jedoch nicht durchsetzen können und bleiben daher auf der Ebene reiner Legitimationsrhetorik.

Der entscheidende Punkt der Auseinandersetzung ist die Behauptung, dass es »keine ›interessante epistemologische Differenz‹ zwischen den Verfahrensweisen der Wissenschaft und denen anderer institutioneller Bereiche gibt [...]« (Knorr-Cetina 1992: 408). Dieser Auffassung steht die moderne, differenzierungstheoretisch begründete Behauptung entgegen, dass die Wissenschaft, ebenso wie andere Funktionsbereiche der Gesellschaft, durch spezifisch ausgebildete Kommunikationsformen gekennzeichnet ist, die sich in eigens ausgebildeten Organisationen finden und das Verhalten der Wissenschaftler in spezifischer Weise bestimmen. Der Vorteil, sich der Evidenz dieses Befundes nicht zu verschließen, besteht darin, dass er gleichwohl offen gegenüber den *empirischen Beobachtungen* der Laborstudien, der ANT, der wissenssoziologischen und der Diskursanalysen ist. Um es am Beispiel zu demonstrieren: Wissenschaftler verfolgen die Anerkennung der von ihnen vertretenen Theorien und/oder der experimentellen Ergebnisse, die die von ihnen bevorzugte Theorie bestätigen, mit strategischen Mitteln, und sie tun dies auch mit dem Ziel, ›soziales Kapital‹, d.h. Reputation, anzusammeln. Insoweit verhalten sie sich in der Tat wie Politiker oder Manager von Industriekonzernen. Aber sie tun dies nicht mit beliebigen Mitteln und im Hinblick auf beliebige Gegenstände, sondern im Kontext des ›Wahrheitscodes‹ des Wissenschaftssystems und unter dessen spezifischen Beschränkungen (vgl. Schimank 1995: 48). Wissenschaftliche Behauptungen lassen sich letztlich nicht mit den Mitteln der politischen Macht durchsetzen, und Reputation wird in der Wissenschaft nicht über Abstimmungen erlangt.[56]

Die hier noch einmal am konkreten Beispiel des Argumentationsmusters angesprochene Diskussionssituation ist erkennbar unbefriedigend, nicht zuletzt deshalb, weil die von den jeweiligen Ansätzen aufgeworfenen Forschungsfragen entweder beantwortet oder prinzipiell unbeantwortbar zu sein scheinen. Der Nachweis, dass es gesellschaftliche Einflüsse auf die Produktion wissenschaftlicher Erkenntnisse gibt und dieses nicht ausschließlich durch seine jeweiligen Gegenstände determiniert wird, ist nicht mehr sehr aufregend. Gleichwohl ändert das offenbar nichts an der sich ständig neu und, ungeachtet aller Unsicherheit und allen Nichtwissens, überzeugend demonstrierenden Instrumentalität wissenschaftlichen Wissens.

Luhmann hat vor dem Hintergrund der stagnierenden Diskussion versucht, die Wissenschaftssoziologie neu zu begründen, indem er ihr durch die *zirkuläre Verknüpfung gesellschaftstheoretischer und erkenntnistheoretischer Fragen* einen Ausweg aus den fruchtlosen Diskussionen um die Relativität wissenschaftlichen Wissens weisen und sie in die Rolle einer »Reflexionstheorie des Wissenschaftssystems« versetzen will (Luhmann 1990: 616, 504ff.). Im Hinblick auf die erkenntnistheoretische Neuorientierung bedeutet dies, dass das Problem der paradoxalen Zirkularität, dem eine solche Reflexionstheorie unterliegt, nicht verdrängt, sondern als konstitutiv akzeptiert wird (vgl. ebd.: 294). Das führt zu der Vermutung, »dass in künftigen Erkenntnistheorien Konzeptionen Bedeutung gewinnen könnten, nach denen jeder Beobachter seine eigene Unterscheidung als seinen blinden Fleck akzeptieren und zugleich andere Beobachter beobachten kann mit Hilfe der Unterscheidung ihrer Unterscheidung. Erkennen wäre dann ein ständiges Prozessieren der Unterscheidung von Unterscheidungen und letztlich [...] ein Unterscheiden dessen, was man mit einer Unterscheidung beobachten kann, von dem, was man damit nicht beobachten kann« (ebd.: 507f.).

Die soziologische Neuorientierung, die Luhmann vorschlägt, ist eine den wissenssoziologischen Ansätzen entgegengesetzte theoretische Entscheidung, nämlich die Produktion wissenschaftlichen Wissens als ausdifferenzierte, spezifische Kommunikation von Wahrheit zu verstehen, die auf ein gesellschaftliches Sonderproblem reagiert: »das Gewinnen neuen, unvertrauten, überraschenden Wissens« (ebd.: 216). Als Funktionssystem ist die Wissenschaft, wie andere Funktionssysteme auch, rekursiv geschlossen, autonom. Das besagt, dass ihre Qualität als Teilsystem »nicht auf einer Spezifikation gesellschaftlicher Kopplungen im Hinblick auf bestimmte Leistungserwartungen beruht, sondern gerade umgekehrt auf einer Abkopplung der Eigendynamik dieser

Systeme von Bedingungen und Interessen ihrer gesellschaftlichen Umwelt« (ebd.: 621, vgl. 293). Selbstreferenzielle Geschlossenheit bedeutet dabei keineswegs, dass es nicht Einflüsse von außen geben kann – »bis hin zu massivem Druck, sich mit bestimmten Themen zu befassen« – aber die Interventionen von außen können nicht die Strukturen des Systems im Inneren bestimmen und z.B. über die »Verteilung der Werte ›wahr‹ und ›unwahr‹ auf Sätze« entscheiden (ebd.: 622). Die differenzierungstheoretische Fassung des Wissenschaftssystems präzisiert zugleich die Bedeutung des Konzepts der ›sozialen Konstruktion‹. Es handelt sich um einen Prozess der Schließung: Die Wissenschaft befasst sich zunehmend mit der Bearbeitung von Problemen, die sie selbst schafft bzw. für sich selbst re-formuliert (ebd.: 626f.). Sie unterscheidet sich in ihrer Konstruktivität nicht grundsätzlich von anderen Teilsystemen der Gesellschaft, wohl aber in einer bemerkenswerten Besonderheit: Sie schafft nämlich nicht wie diese Teilsysteme neue Asymmetrien in Gestalt der an ein spezifisches Publikum gerichteten Arbeitsleistung. Ihr Publikum sind die Wissenschaftler selbst, oder, wie schon Merton betonte, sie ist vielmehr die einzige Profession ohne Klientel (vgl.: 625).[57] Allenfalls könnte man einwenden, dass sie die generalisierte Asymmetrie von Experten und Laien schafft. Dieser Umstand wird sinnfällig an der gesellschaftlich tolerierten Herausbildung einer »unverständlichen Eigensprache« wie überhaupt an der Gestalt der Grenzen des Systems. Nach außen begründet das Handeln der Wissenschaftler keine Differenz zwischen Leistungsrollen und Publikumsrollen, sondern die hochgradige Informationsdurchlässigkeit verlangt nur »Ausschließungsregeln, die allzu inkompatible Wissensansprüche ausgrenzen«; nach innen entscheidet die faktische Teilnahme an der Forschung über die Grenzziehung zwischen denen, die sich ›noch verstehen‹ und denen, die dies nicht mehr können (ebd.: 626). Das Ergebnis sind interne Differenzierungen von Kommunikationsgemeinschaften (*invisible colleges*), die sich entlang der Behandlung spezifischer Gegenstände herausbilden.

Mit Hilfe der Theoriesprache Luhmanns wird das wissenssoziologische Paradox aufgelöst und das Konzept der ›sozialen Konstruktion‹ aus seiner »ideologiekritischen Verklemmung« befreit

(Krohn 2000: 319). Dadurch wird aber vor allem der Blick auf ein anderes Problemfeld gelenkt.

Die Diskussionen über die gesellschaftlichen Einflüsse auf die Erzeugung von Wissen haben sich erschöpft. An ihre Stelle tritt die theoretisch ambitioniertere Frage nach den ›strukturellen Kopplungen‹ des Wissenschaftssystems mit anderen Teilsystemen der Gesellschaft (vgl. Luhmann 1990: 38ff., 1997: 779ff.).

Die strukturellen Kopplungen des Wissenschaftssystems zur Politik, zur Wirtschaft und neuerdings besonders zu den Medien werden zum neuen ›strategischen Gegenstand‹ der wissenschaftssoziologischen Forschung. Dabei geht es um die Grenzen zwischen der Wissenschaft und den übrigen Funktionssystemen, um die an ihnen stattfindenden Veränderungen, um die dafür eingesetzten Ressourcen sowie die Irritationen, die dies im Wissenschaftssystem auslöst.[58] Wie kommt es zur Instrumentalisierung der Wissenschaft für die Politik und welche Folgen hat sie für den Status der Wissenschaft in der Gesellschaft? Was bedeutet die Kommerzialisierung der Forschung für die Kommunikation des Wissens und seine daraus hervorgehende Zertifizierung? Welche Folgen hat die Medienorientierung der Wissenschaft für ihre eigene Glaubwürdigkeit?

Über die Analyse dieser Kopplungen wird die Ausgangsfrage der Wissenschaftssoziologie wieder ins Zentrum des Interesses gerückt und mit neuen Mitteln beantwortet. Die Frage »Wie ist gesichertes Wissen in der Gesellschaft möglich?« hat sich durch die dargestellten Diskussionen ja nicht etwa erledigt, sondern sie stellt sich gerade angesichts der wissenssoziologischen Befunde umso schärfer. Nunmehr sind es aber nicht mehr die wissenschaftsinternen organisatorischen Besonderheiten, wie z. B. das wissenschaftliche Ethos, das zur Erklärung herangezogen wird, denn fünf Jahrzehnte empirischer Forschung haben das entsprechende Wissen geliefert. Vielmehr geht es jetzt um die Bestandsbedingungen des Wissenschaftssystems in einer gesellschaftlichen Umgebung, die sich stark verändert hat und zusammen mit dem Wissenschaftssystem selbst laufend weiter verändert. Die Frage nach den Bedingungen gesicherten Wissens richtet sich jetzt auf diese Veränderungen. Der Bedeutungszuwachs der Wissenschaft hat nicht etwa zu einer gesellschaftlichen Dominanz des Wissenschaftssystems geführt, wie einige Theoretiker erwartet haben, sondern hat sowohl die Produktion gesicherten Wissens als auch dessen Verwendung in der Gesellschaft in vielfacher Weise ›prekär‹ werden lassen. Um die Analyse dieser neuerdings prekären Situation der Wissenschaft und ihre Ursachen geht es. Wenngleich die Wissenschaftssoziologie zu keiner Zeit ausschließlich der mikrosoziologischen Perspektive verhaftet gewesen ist, ist der Fokus auf den Kopplungen des Wissenschaftssystems zugleich auch ein Wechsel der Ebenen, zurück zur Meso- und Makroebene und zu institutionellen Analysen und damit auch wieder ein wenig näher an Gesellschaftsanalyse.

VII. Wissen und Macht – Zum Verhältnis von Wissenschaft und Politik

Das Spannungsverhältnis von Wissenschaft und Politik ist ein klassisches Thema und auch eins der Wissenschaftssoziologie. In welchem Verhältnis stehen als wahr geltendes Wissen und politische Opportunität? Welche Folgen hat der unkontrollierte Einfluss wissenschaftlicher Experten für demokratisch legitimierte Politik? Und umgekehrt: Welche Folgen hat die politische Instrumentalisierung für die an Wahrheit orientierte Wissenschaft? Welche Spielräume der Interpretation entstehen für Wissenschaft und Politik und mit welchen Folgen für ihr wechselseitiges Verhältnis, wenn wissenschaftliches Wissen unsicher ist? Diese und weitere mit ihnen verbundene Fragen haben angesichts einer immer größeren Bedeutung der Wissenschaft in der Politik in jüngerer Zeit noch an Aktualität gewonnen.

1. Die Kopplung von Wissenschaft und Politik

Dass das Verhältnis von Wissen und Macht problematisch ist, war schon für Plato (428-348 v.u.Z.) ein Thema. In seiner Vorstellung von einem idealen Staat erschien es ihm notwendig zu sein, dass die Könige Philosophen oder die Philosophen Könige werden müssten. Seither ist auch bekannt, dass die Zusammenführung von Wissen und Macht nicht zu der erhofften Realisierung der Plato'schen Kardinaltugenden führt: Philosophen sind nicht unbedingt die besseren Könige. Nicoló Macchiavelli (1469-1527) riet seinem Fürsten in Anerkennung der Differenz zwischen beiden Sphären, er müsse sich in Staatsangelegenheiten auf das Wissen über die Gründe für mögliche Bedrohungen des Staates stützen, die Zustimmung seiner Untertanen jedoch durch seine Repräsentationen sichern (vgl. Ezrahi 1990). Für die modernen Demokratien des 20. Jahrhunderts gilt mehr als für andere politische Systeme vor ihnen, dass sie auf der Grundlage zweier Legitimationskreise öffentlicher Entscheidungen operieren. Entscheidungen müssen rational im Licht vorhandenen wissenschaftlichen Wissens *und* von durch öffentliche Wahl delegierten

Repräsentanten legitimiert sein. Bis in die Mitte des 20. Jahrhunderts wurde das für den Staat erforderliche Wissen primär über die Rekrutierung von akademisch ausgebildeten Personen für die Administration mobilisiert und dort zu ressortbezogenem bürokratischem *Fach*verstand entwickelt. Dieser diffuse Zugriff hat sich mit der fortschreitenden Spezialisierung der Wissenschaft überlebt. Seither bedarf es des spezifischen Zugriffs auf wissenschaftlichen *Sach*verstand. Dementsprechend hat sich die Kopplung zwischen Wissenschaftssystem und politischem System auf die Beratung der staatlichen Verwaltung und ihrer politischen Organe durch wissenschaftliche Experten verlagert (vgl. Luhmann 1997: 785).

Seit Ende des Zweiten Weltkriegs sind in allen Industriestaaten umfangreiche Beratungsapparate entstanden, zunächst innerhalb der Regierungsorganisationen, sodann außerhalb entweder als unabhängige kommerzielle Beratungsorganisationen (*think tanks*) oder in Gestalt von Nichtregierungsorganisationen mit eigenem Expertenstab.[59] Inzwischen umfasst die wissenschaftliche Beratung – um die allein es hier geht, im Unterschied zur allgemeinen Politikberatung – eine Vielzahl von gesetzlich begründeten oder *ad hoc* berufenen Beiräten und Kommissionen. Darüber hinaus wird wissenschaftlicher Sachverstand durch Gutachten mobilisiert, und schließlich dienen auch die Ressortforschungsanstalten zur Bereitstellung wissenschaftlichen Wissens, wann immer es die politische Entscheidungssituation verlangt.

Nach einer vergleichsweise intensiven wissenschaftlichen Diskussion über die Implikationen der ›neuen‹ Arrangements in den 1960er und 70er Jahren ist das politikwissenschaftliche Interesse an dem Phänomen erstaunlicherweise stark zurückgegangen. Ähnlich überraschend gilt für die Wissenschaftssoziologie, dass die Probleme und Implikationen der Einbeziehung einer immer noch zunehmenden Anzahl von Wissenschaftlern in die Politik kaum als ein eigenständiges Problem behandelt wird, sondern nur auf Umwegen, d.h. wenn Themen wie Planung, Risiko und neuerdings Unsicherheit des Wissens, Nichtwissen sowie das Verhältnis von Laien und Experten angesprochen sind. Das ist umso überraschender, als der gesamte Problemkomplex sowohl von hohem theoretischen als auch von erheblichem praktischen Interesse ist.

Das aus (wissenschafts-)soziologischer Sicht grundsätzliche Problem ergibt sich daraus, dass Wissenschaft und Politik unterschiedlichen Systemrationalitäten folgen. In der Sprache Luhmanns operiert das politische System unter dem Code der Macht, das Wissenschaftssystem unter dem der Wahrheit. Vereinfacht gesagt geht es um die Beziehung zwischen Entscheiden und Wissen. Aus dieser Divergenz ergeben sich alle interessanten Folgefragen. Die unterschiedlichen Rationalitäten spiegeln sich in unterschiedlichen Wissensformen, ebenso wie in den Erwartungen an das Wissen und die Formen der Wissensverwendung wider. Sie sind nicht umstandslos aufeinander beziehbar. Objektivität und Universalität wissenschaftlichen Wissens ist z. B. in der Politik nur bedingt gefragt. Solange Interpretationsspielräume bestehen, werden diese im Hinblick auf anstehende Entscheidungen und notwendige Kompromisse zwischen widerstreitenden Interessen genutzt. Nur eindeutige Widersprüche zwischen gesichertem wissenschaftlichen Wissen und politischen Entscheidungen werfen legitimatorische Probleme für die Politik auf. Zwischen Wissenschaft und Politik bestehen divergierende Erwartungen hinsichtlich der Sicherheit bzw. Unsicherheit des Wissens. Auch diese sind das Resultat der unterschiedlichen Rationalitäten. Die auf Entscheidungen ausgerichtete Politik stellt hohe Sicherheitserwartungen an die Wissenschaft. Dies gilt vor allem in allen Entscheidungskontexten, in denen es um Gefahrenprävention und damit um die Prognose regulierungsbedürftiger Risiken geht, da diese für die Politik besonders legitimitätssensibel sind. Die Wissenschaft kann aber umso weniger den Sicherheitserwartungen entsprechen, je komplexer die Problemstellungen sind. Diese Steigerung der Sicherheitserwartungen und der Komplexität der Probleme ergibt sich aus der Erweiterung staatlicher Daseinsvorsorge von der Gefahrenprävention zur Risikovermeidung.

Aus dieser Konstellation ergibt sich ein Legitimationsdilemma zwischen Wissenschaft und Politik, für das es bislang keine geeigneten Formen des Umgangs gibt: Die Nachfrage seitens der Politik nach gesichertem Wissen erstreckt sich auf immer komplexere Bereiche der Sicherheitsgewährleistung. Sie zwingt dadurch die Wissenschaft zu Aussagen, die immer stärker durch Unsicherheit und Nichtwissen gekennzeichnet sind. Die von der Sicherheit wissenschaftlicher Aussagen erwartete Legitimierung politischer Entscheidungen droht in ihr Gegenteil umzuschlagen.

Es geht bei der wissenschaftlichen Politikberatung auch um ein politikwissenschaftlich brisantes Problem: Wissenschaftliches Wissen, und d.h. die Experten, die dieses Wissen repräsentieren, hat einen großen Einfluss auf politische Entscheidungen, und sei es auch nur in der Weise, dass es ihnen die zusätzliche Legitimität der Rationalität und ›Objektivität‹ verschafft. Das bedeutet, dass die wissenschaftliche Politikberatung eine ständige potenzielle Bedrohung der anderen, primären Legitimationsbasis ist, nämlich des durch Wahlen dokumentierten Willens des Volkes.

Die Fragen, die sich aus wissenschaftssoziologischer Perspektive aufdrängen und die für die Politikwissenschaft relevant sein müssten, sind u.a. die folgenden: In welchem Verhältnis stehen wissenschaftliche und politische Probleme zueinander und wie laufen die Übersetzungen zwischen ihnen im konkreten Beratungsprozess ab? Inwieweit bestimmen die wissenschaftlichen Probleme auch die politischen, d.h. wird die Politik die Gefangene wissenschaftlicher Diskurse und Problemstellungen. Wie werden die Personen und ihre entsprechenden Expertisen ausgesucht, um die Politik zu beraten, d.h. welche Disziplinen bzw. Spezialgebiete geraten in die Situation des privilegierten Zugangs zur politischen ›Macht‹ und aufgrund welcher Kriterien? Welches Bild von Wissenschaft haben Politiker und welche Erwartungen an das nachgefragte Wissen haben sie? Welche Kenntnisse haben sie über gegebenenfalls bestehende Konflikte zwischen theoretischen ›Schulen‹ bzw. Ansätzen und über bestehende Unsicherheiten des Forschungsstands. Wie begründen sie ihre Wahl der Expertise? Trennen die Experten die Kompetenz ihres Sachwissens von ihrer eigenen politischen Meinung? Das sind nur einige der möglichen Fragen, die auf die Relevanz der Analyse der Kopplung von Wissenschaft und Politik verweisen. Diese Analyse führt die Wissenschaftssoziologie mit der Politikwissenschaft zusammen.

2. Modelle der wissenschaftlichen Politikberatung

Die akademische Diskussion über die Implikationen der wissenschaftlichen Politikberatung in den 60er Jahren des letzten Jahrhunderts wurde durch die Furcht vor einem illegitimen und unkontrollierbaren Einfluss einer kleinen Gruppe von Wissenschaftsberatern bestimmt. Hier waren es vor allem die Politikwissenschaftler, die die Diskussion führten und vor dem Einfluss der ›wissenschaftlichen Machtelite‹, einer ›neuen Priesterschaft‹ oder einem ›wissenschaftlichen Stand‹ warnten (vgl. Price 1967; Lapp 1965; Lakoff 1966). Der Einfluss der Wissenschaftler auf die Politikformulierung wurde für erheblich gehalten, und der Kompetenz der Politiker, die illegitime Einflussnahme und die Wahrnehmung eigener Interessen seitens der Wissenschaftler überhaupt kontrollieren zu können, wurde nicht getraut. Eine andere Gruppe vorwiegend soziologischer Autoren, die verfassungsrechtlich weniger empfindlich waren, verband mit dem Einfluss überlegenen Wissens allerdings auch die Hoffnung auf ein ›Ende der Ideologie‹ (vgl. Bell 1960; Lane 1966; Schelsky 1965).

In dieser in Deutschland als ›Technokratiedebatte‹ geführten Diskussion meldete sich Habermas zu Wort. Er wies auf die Theorietraditionen hin, die den Positionen zugrunde liegen. Auf der einen Seite ist das *dezisionistische Modell* der Beziehung zwischen (wissenschaftlichem) Wissen und Macht, das auf Thomas Hobbes (1588-1679) zurückgeht und von Max Weber als Rationalisierung moderner bürokratisch organisierter Staaten analysiert wird. In diesem Modell ist die zentrale Annahme, dass grundsätzlich Wissen und Werte, d.h. Spezialwissen und politische Entscheidung ebenso wie die dazu gehörigen Rollen von Experten und Politikern, klar getrennt sind. Dem steht das *technokratische Modell* gegenüber, das auf Francis Bacon (1561-1626) zurückgeht. Seine Grundannahme ist, dass die wissenschaftlich-technische Entwicklung gradlinig und mit eindimensionaler Rationalität fortschreitet, so dass politische Entscheidungen zunehmend rational getroffen werden können. Beide Modelle zusammengenommen stellen die beiden Seiten des Legitimationsdilemmas dar, in dem sich Politiker und Experten befinden. Das dezisionistische Modell leidet unter dem Rationalitätsdefizit, das technokratische Modell leidet unter dem Defizit der Legitimation durch öffentliche Zustimmung. Habermas sieht die Lösung des Dilemmas in einem *pragmatistischen Modell*, in dem Politiker und Experten in einem iterativen Kommunikationsprozess stehen. In ihm wird die Entwicklung neuer Technologien durch die Interpretation des herrschenden Wertesystems gesteuert, ebenso wie die in den Werten enthaltenen Interessen im Licht neuer technischer Möglichkeiten kontrolliert werden (vgl. Habermas 1966).

Die Forschung, die durch diese Diskussion vor allem in der Wissenschaftssoziologie inspiriert wurde, hat gezeigt, dass Habermas der Komplexität der tatsächlichen Beziehungen sehr viel näher kam als die linearen Modelle mit ihren unhaltbaren Annahmen über die Trennung von Wissen und Werten, Experten- und Politikerrollen. Seither haben eine ganze Reihe von empirischen Untersuchungen über spezifische Entscheidungsprozesse, vornehmlich solche der Einführung neuer Technologien oder der *policy*-Formulierung im Kontext von Problemen mit wissenschaftlich-technischer Wissensbasis gezeigt, dass das Modell der wissenschaftlichen Politikberatung als ein rekursiver Kommunikationsprozess konzipiert werden muss (vgl. van den Daele et al. 1979; Jasanoff 1990; Grundmann 1999). Der Beratungsprozess ist nicht gradlinig. Die Wissenschaft kommuniziert Themen, die von der Politik aufgenommen werden (Umweltgefährdung, Ozonloch, Klimawandel usw.), sei es, um Schaden abzuwenden oder um Legitimationsgefährdungen zu vermeiden. Auf diese Weise werden von der Wissenschaft selbst Probleme auf die politische Agenda gebracht, die sie sodann zu lösen beauftragt wird. Probleme, die von der Politik formuliert werden, müssen in die Sprache der Wissenschaft ›übersetzt‹ werden, um von ihr bearbeitet werden zu können. Experten geben unter Umständen auch Antworten auf Fragen, die für die Politik nicht verwendbar sind, ohne auf das Format politischer Entscheidungen reduziert zu werden. Schließlich kann die Politik auch das ihr offerierte Wissen in eine Richtung umdeuten, die nicht den Intentionen der wissenschaftlichen Beratung entspricht. Für alles dies gibt es Beispiele, die immer wieder belegen, dass es keine eindeutige Beziehung zwischen Wissen und politischer Entscheidung gibt. Damit haben sich die auf einem positivistischen Wissensbegriff beruhenden Beratungsmodelle als unterkomplex erwiesen.

Das uneindeutige Verhältnis zwischen Wissen und Macht, die Nichtabgrenzbarkeit von Rollen, die interpretative Flexibilität von Wissen, die insbesondere im politischen Kontext zur Deutung des Wissens im Hinblick auf die jeweils in den Blick genommenen Relevanzkriterien führt, sowie die kommunikative Interferenz von Wissen und Werten ermöglichen die Politisierbarkeit der wissenschaftlichen Experten. Sie wurde erstmals mit dem Nuklearunfall in Harrisburg 1979 zu einem öffentlich sichtbaren Phänomen. Seither ist sie zur allseits bekannten und gefürchteten Begleiterscheinung des Beratungsprozesses geworden. So unvorbereitet zu jener Zeit Wissenschaftler und Politiker darauf waren und so überrascht sie reagiert haben, so sehr halten sie aber offenbar noch immer an dem linearen Beratungsmodell fest (vgl. Jasanoff 1990: 230f.).[60] Die Erwartung der Politik an die Wissenschaft ist nach wie vor weit verbreitet, dass diese ›objektives‹ Wissen bereit stellt, auf das sie politische Entscheidungen stützen und durch deren Eindeutigkeit sie sie legitimieren kann. Unterdessen haben sich jedoch die Bedingungen der Beratung und ihre Gegenstände sowie, dadurch bedingt, der Charakter des Wissens verändert.

3. Wissenschaftliche Experten im politischen Prozess

Um zu verstehen, welche Dynamik das Verhältnis von Wissenschaft und Politik bestimmt, muss man sich die Ursachen der wachsenden Wissensabhängigkeit politischen Handelns vor Augen führen. Spätestens seit Mitte des 19. Jahrhunderts erleben die modernen Staaten eine stetige Ausweitung ihrer Funktionen. Ursprünglich auf die Gewährleistung öffentlicher Ordnung und die Ermöglichung des Handels beschränkt, haben sie sich im 20. Jahrhundert auf die umfassende Daseinsvorsorge für ihre Bürger verpflichtet. Es lässt sich zeigen, dass zwischen der Wissenschafts- und Technikentwicklung und der Ausweitung der Aufgabenbereiche des Staates eine Beziehung besteht (vgl. Lundgreen et al. 1986). Die klassischen Bereiche wie die Landwirtschaft, Transportinfrastruktur und die Gesundheitsfürsorge haben sich angesichts der wissenschaftlichen Fortschritte weiter entwickelt und differenziert. Andere Bereiche, wie die Energieversorgung und der Umweltschutz, sind entweder vollkommen neu gestaltet oder neu hinzugekommen. Für alle Bereiche gilt eine enge Kopplung an die Wissenschaftsentwicklung, die die Grundlage für die wissenschaftliche Politikberatung bildet. Aus ihr ergibt sich der zuvor erwähnte Sachverhalt, dass die Wissenschaft z.T. die Agenda der Politik mitbestimmt. Die neue Entdeckung einer drohenden Gefahr, die in der Wissenschaft kommuniziert wird, zwingt die Politik, zu reagieren.

Aus politikwissenschaftlicher Sicht ist die Legitimität der Experten wohl das interessanteste Problem, das sich aus der Etablierung der wissenschaftlichen Politikberatung ergibt. Die relativ geringe Beachtung, die es in dieser Disziplin, aber auch in der Wissenschaftssoziologie, seit Price' Buch und der erwähnten Diskussion in den 1960er Jahren gefunden hat, mag darin begründet sein, dass die Rolle wissenschaftlichen Wissens und der Einfluss der Experten nach dem Ende der Planungseuphorie und unter dem Eindruck der Kontroversen um die Kernenergie in den 70er Jahren gering geschätzt wurde. Erst in der zweiten Hälfte der 90er Jahre erwacht das Interesse an den Experten in der Politikwissenschaft erneut.

Die Diskussionen über die Rolle der Experten haben sich an Problemen entzündet, die durch zwei Eigenschaften gekennzeichnet sind: erstens wissenschaftlich-technische Komplexität und damit (partielle) Unsicherheit des Wissens sowie zweitens ein erhebliches gesundheitliches und/oder ökonomisches Risiko für betroffene Gruppen oder die Gesellschaft insgesamt. Im Gefolge der Kernenergiedebatte hat sich die Diskussion über die Funktion der Experten in der Folgezeit primär an Umweltproblemen, u.a. Auswirkungen und Entsorgung gesundheitsschädlicher Stoffe und Chemikalien (vgl. Brickman et al. 1985), an der BSE-Krise (vgl. Jasanoff 1997) und an genmanipulierten Nahrungsmitteln (vgl. Gill et al. 1998; Taylor 2001) entzündet. Das mag erklären, warum das Expertenproblem und noch allgemeiner das Problem der Rolle wissenschaftlichen Wissens in der Politik für beinahe zwei Jahrzehnte unter dem Etikett der Risikoregulierung diskutiert worden ist: Im Vordergrund des Interesses standen die Gefährdungen angesichts unsicheren Wissens und der politische Umgang mit den dergestalt wahrgenommenen Risiken.[61]

Damit ist das Problem des sog. *Expertendilemmas* benannt, das die Kopplung von Wissenschaft und Politik illustriert. Silvio O. Funtowicz und Jerome R. Ravetz erläutern das Dilemma am Beispiel des anthropogenen Klimawandels (vgl. Funtowicz/Ravetz 1990: 12). In einer Vielzahl von Fällen, in denen Experten Regierungen beraten sollen, ist das für die Beantwortung des in Frage stehenden Problems verfügbare Wissen unsicher. Das gilt auch in der Frage, ob der beobachtete Klimawandel auf den Treibhauseffekt, d.h. auf die Emission von CO^2 und anderen Gasen zurückzuführen ist. Prognosen über die Temperaturentwicklung als Indikator bleiben riskant, weil sie über längere Zeiträume hinweg gemacht werden müssen. Jeder definitive Rat der Experten erweist sich unter diesen Bedingungen mit hoher Wahrscheinlichkeit als falsch. Die Vorhersage einer Gefahr gilt als unnötig alarmierend, falls sich in einem kürzeren Zeitraum nichts verändert.[62] Eine Entwarnung wird als Zweckoptimismus kritisiert, falls sie sich im Nachhinein als falsch erweist. In Fällen inhärent unsicheren Wissens hat der Experte kaum eine Chance, den richtigen Rat zu geben. Verzichtet er darauf, gerät er in die Kritik, dass die Wissenschaft ihrer öffentlichen Verpflichtung nicht nachkomme, mit der Folge ihres möglichen Legitimitätsverlusts. Die Erfahrung des Expertendilemmas ist relativ rezent, weil sich die Typen von Problemen, zu denen die Politik die Wissenschaft zur Beratung heranzieht, verändert haben.

Typologien, die die Komplexität der Probleme und unterschiedliche Typen von Risiken offenlegen, verweisen auf den Zusammenhang zwischen den beiden Diskursen. Aus diesen ergeben sich wiederum Folgefragen für die Organisation der Beratung. Anthony Barker und B. Guy Peters gehen von einer Skala von Problemen am Beispiel der Gesundheitspflege aus, die nach dem technischen Schwierigkeitsgrad und dem daraus ableitbaren möglichen Beitrag wissenschaftlicher Experten geordnet sind (vgl. Barker/Peters 1993: 2ff.). Die Skala reicht von Problemen, die keiner speziellen wissenschaftlichen Expertise zu ihrer Lösung bedürfen, bis zu solchen, für deren Lösung gar kein wissenschaftliches Wissen zur Verfügung steht. Die Typologie illustriert, dass es bei dem Rückgriff auf Wissenschaft für die Politik zuerst darauf ankommt, das anstehende Problem angemessen zu definieren. Daraus ergibt sich sodann die Wahl der einschlägigen Forschungsgebiete sowie der relevanten Experten. Ein weiteres Problem ist die interne epistemische und soziale Struktur der Forschungsgebiete: Regierungen und Parlamente können leicht durch eine einzige Perspektive auf das anstehende Problem und durch eine einzige Gruppe von Experten ›kolonisiert‹ werden, obwohl diese nicht die Breite der im Gebiet vertretenen Meinungen repräsentieren. Die angemessene Repräsentation des Wissensstands kann über den späteren Verlauf öffentlicher Debatten und die Legitimität der politischen Positionen entscheiden. Die politischen Schlussfolgerungen, die aus Expertenmeinungen gezogen werden, sind selten eindeutig, ebenso wenig, wie der Expertenrat selbst. Es kommt in jedem einzelnen Fall auf die Abstimmung zwischen beiden an. Dabei spielt die öffentliche Wahrnehmung der involvierten Risiken im Zusammenhang mit dem Vertrauen in die Wissenschaft eine entscheidende Rolle. Das öffentliche Vertrauen in und die Legitimität der Experten wird wiederum durch die Form der Institutionalisierung der wissenschaftlichen Politikberatung beeinflusst. Die politische Unabhängigkeit der Experten ist ein entscheidender Faktor für ihre Vertrauenswürdigkeit. *Ad hoc* eingerichtete Expertenkommissionen, z. B. in Deutschland die Enquêtekommissionen des Bundestages, genießen größeres Vertrauen als Experten, die in den Ministerien beschäftigt sind und durchaus über den einschlägigen Sachverstand verfügen.[63]

Die abgestufte Relevanz verfügbaren wissenschaftlichen Wissens, die Diversität wissenschaftlicher Auffassungen, der politische Spielraum bei der Rekrutierung von Experten sowie deren Politisierung haben die Forderung nach einer stärkeren Berücksichtigung der Laien und ihres situationsbezogenen und lokalen Wissens laut werden lassen (vgl. EU 2002). Aus der fallweisen Bedeutung des Wissens lokaler Gruppen, wie z. B. den von Brian Wynne beschriebenen Schafzüchtern in der Umgebung der englischen Wiederaufbereitungsanlage von Sellafield, kann allerdings nicht verallgemeinernd geschlossen werden, dass die Differenz zwischen wissenschaftlichem Experten- und Laienwissen grundsätzlich hinfällig sei (vgl. Wynne 1989). Genauso wenig eignet sich die Aufdeckung der Unsicherheit von Wissen in konkreten Fällen für eine Verallgemeinerung dahingehend, dass wissenschaftliches Wissen grundsätzlich kontextgebunden und lokalem Wissen nicht überlegen sei. Die detaillierte Analyse eines als Forschungsprojekt konzipierten Konsensbildungsprozesses zum Einsatz genmanipulierter Pflanzen hat ergeben, dass das verfügbare wissenschaftliche Wissen letztlich die entscheidende Ressource in den Auseinandersetzungen der beteiligten Gruppen und der Findung eines Konsens darstellte. Die Überlegenheit des wissenschaftlichen Wissens musste schließlich auch von denen anerkannt werden, die sich entgegen dieser Einsicht dem Konsens aus politischen Gründen entzogen (vgl. van den Daele 1996).

Die auch unter dem Etikett der *extended peer-review* diskutierte Konzeption der Einbeziehung von Laien in den Beratungsprozess zielt auf die Demokratisierung der Expertise. Sie illustriert, noch bevor irgendwelche Erfahrungen mit ihrer Umsetzung in politische Praxis vorliegen, dass wissenschaftliches Wissen und seine Träger zum Gegenstand politischer Konflikte um die Kontrolle über sie geworden sind. Damit wird das Problem wieder zurück auf die Ebene der politischen Theorie bzw. der Gesellschaftstheorie geführt.[64] Der Widerspruch zwischen Wissen und Macht, zwischen Legitimität durch Delegation und durch Wissen, wird nicht dadurch aufgehoben, dass Laien den Experten an die Seite gestellt werden. Solange das Wissenschaftssystem in seiner ausdifferenzierten Form besteht, bleibt die Differenz zwischen Laien und Experten unaufhebbar.

4. Gegenexpertise, Nichtwissen und Diskursivierung kontroversen Wissens

Die Ausweitung der Teilhabeansprüche immer größerer Bevölkerungskreise in immer mehr Politikbereichen ist kennzeichnend für die modernen Massendemokratien. Mit Blick auf Wissenschaft und Technik ist dies zuerst in den 1970er Jahren im Zusammenhang mit der Technikfolgenabschätzung erkennbar geworden. Mit ihr ist ein Modus der wissenschaftlich informierten Suche nach den Auswirkungen neuer Techniken (Technikfolgenabschätzung) etabliert worden, deren Spektrum im Prinzip unbegrenzt ist. Die Technikfolgenabschätzung kann deshalb auch als eine weitere Klammer zwischen Wissenschaftsentwicklung und Demokratisierung gesehen werden (vgl. Bechmann/Gloede 1986).

Eine markante Folge dieser Entwicklung für die wissenschaftliche Politikberatung ist deren Verallgemeinerung und Diversifizierung. Der Zugang zu wissenschaftlicher Expertise ist nicht mehr ein Privileg der jeweiligen Regierung und der staatlichen Administration, sondern kann prinzipiell von allen staatlichen und zivilgesellschaftlichen Gruppierungen in Anspruch genommen werden. Diese Konkurrenz um die jeweils beste Expertise, um das jeweils neueste Wissen in der Auseinandersetzung um die überzeugenderen Argumente treibt über den Bereich konsentierten Wissens hinaus in die noch nicht abgeschlossenen innerwissenschaftlichen Diskussionen. Der Forschungsprozess wird unter den Augen der Öffentlichkeit ausgetragen und mit dem Beratungsprozess verknüpft. Das läuft darauf hinaus, dass die Konflikte der Experten untereinander in die politischen Konflikte einbezogen werden (vgl. Weingart 2001: 159ff.).

Dieses neue Arrangement eines demokratisierten Zugangs zu wissenschaftlicher Expertise hat zur wissenssoziologischen Entdeckung des *Nichtwissens* geführt. Die Erkenntnis, dass mit fortschreitender Forschung auch das Wissen darüber zunimmt, was nicht gewusst wird, dass sich also das Bewusstsein für ›noch nicht Gewusstes‹ schärft, ist nicht neu. Die Reaktion darauf ist die Fortsetzung der Forschung. Die Konkurrenz um wissenschaftliches Wissen im politischen Prozess hat aber auch zu einer Politisierung des Nichtwissens in dem Sinn geführt, dass divergierende Behauptungen darüber aufgestellt werden, was überhaupt gewusst werden kann und was gewusst werden muss. Ökologisches Nichtwissen ist schwer oder gar nicht zu spezifizieren, weil die an das Wissen gestellten Ansprüche nicht spezifizierbar oder begrenzbar sind (vgl. Japp 1997). Wissenschaftler finden sich regelmäßig in Kontroversen mit Gegenexperten, die beurteilen können, welche Unsicherheiten ihren Forschungsergebnissen anhaften, auf welche Fragen sie keine Antworten geben, welche Reichweite sie haben usw. Die Auseinandersetzungen richten sich also nicht mehr nur auf das jeweils in Anschlag gebrachte Wissen, sondern auch auf das ›dahinter‹ zu vermutende Nichtwissen (vgl. Stocking 1998). Unsicherheit des Wissens und Nichtwissen sind deshalb zu einem wichtigen Gegenstand der Wissens- bzw. Wissenschaftssoziologie geworden (vgl. Wehling 2001). Sie beschäftigen inzwischen auch die Regierungen selbst: Entgegen den noch immer vorherrschenden Versuchen, wissenschaftliche Expertise zu hierarchisieren und zu verknappen, gibt es erste Anzeichen dafür, dass ein ›angemessenes Spektrum wissenschaftlicher Meinungen‹ ebenso wie Laien in der Beratung repräsentiert sein sollen.

In dieser Entwicklung lässt sich ein Muster erkennen. Die ursprünglich mit der Etablierung wissenschaftlicher Beratung verbundene Sorge eines illegitimen Einflusses der Wissenschaftler ist in neue Arrangements der Legitimationssicherung gemündet, die über die herkömmlichen Formen der Repräsentation und Delegation hinausgehen. Dabei handelt es sich um heterogene institutionelle Regelungen, die auf der höchsten Abstraktionsebene dadurch charakterisiert sind, dass sie die Funktion der *Diskursivierung* spezifischer und für maßgebliche gesellschaftliche Gruppierungen kontroverser *issues* haben. Die Diskursivierung meint die Prozeduralisierung von Kontroversen nach der Maßgabe, dass es bei der Lösung von politischen Konflikten nicht in erster Linie um die Herstellung von Konsens oder das Erreichen einer durch eine Mehrheit gestützten Entscheidung geht, sondern dass diese nur dann als nachhaltig legitim gelten kann, wenn sie zuvor Gegenstand eines Diskurses gewesen ist. Kennzeichnend für die Diskursivierung als Ressource der Legitimationssicherung sind deren Funktionen der *Deliberation, Mediation, Infomierung, Beratung und Empfehlung.*

Gegenstand dieser neuen Form der politischen Legitimationssicherung sind je *spezifische issues*, die je *spezifische Öffentlichkeiten* betreffen bzw. interessieren und engagieren. Aus dieser inhaltlichen und repräsentativen Differenzierung des politischen Prozess ergeben sich unterschiedliche Institutionalisierungsformen.

Es reicht von *ad hoc* organisierten Internetforen über Stadtteilversammlungen, ›runde Tische‹, von den Massenmedien initiierten Diskursen über ethische Fragen der Forschung bis hin zu den umfassenden Vertragsstaatenkonferenzen zum globalen Klimawandel und der Biodiversität. *Eine* Perspektive zukünftiger wissenschaftssoziologischer (im Verbund mit politikwissenschaftlicher) Forschung wird es sein, die ›Karrieren von Wissen‹ in den Diskursen zwischen Wissenschaft, Politik und den Medien zu verfolgen, die Veränderungen, denen das Wissen in unterschiedlichen Interpretationskontexten unterworfen ist, die divergierenden Definitionen von Nichtwissen und unsicherem Wissen, die legitimatorischen Effekte des Wissens (vgl. Weingart et al. 2002). Der einst auf das institutionelle Arrangement der wissenschaftlichen Beratung von Regierungen fokussierte wissenschaftssoziologische Blick erweitert sich folglich zwangsläufig auf den gesellschaftlichen Umgang mit Wissen und Nichtwissen insgesamt.

VIII. Wissen als Ware – Zum Verhältnis von Wissenschaft und Wirtschaft

Die Wissenschaft gilt als Quelle wirtschaftlichen Wohlstands und neuer technischer Entwicklungen zur Verbesserung der Lebensqualität. Aufgrund dessen wird wissenschaftliches Wissen zu einem begehrten Gut, das die Privatwirtschaft zu kontrollieren sucht, um damit Profite zu machen. Der Widerspruch zwischen der freien Forschung und ihrer Lenkung auf wirtschaftliche Ziele sowie der Kontrolle des Wissens mittels Eigentumsrechten beschäftigt Wissenschaftspolitik, Industrie und auch die Wissenschaftssoziologie. Wie tief reicht der Widerspruch? Welche Formen der Vermittlung zwischen Wissenschaft und Wirtschaft gibt es? Welche Folgen für die Wissenschaft hat die Orientierung der Forschung an wirtschaftlichen Zielen?

1. Die Kopplung von Wissenschaft und Wirtschaft

Ähnlich wie für das Verhältnis zwischen Wissenschaft und Politik gilt auch für das zwischen Wissenschaft und Wirtschaft, dass es in besonderer Weise als problematisch erscheint. Interessanterweise taucht hier, wie zuvor im Verhältnis von Wissenschaft und Politik, wieder die Idealfigur auf, die beide Rollen, die des Wissenschaftlers und die des Unternehmers, in sich vereint. Die Vorbehalte ihr gegenüber richten sich wiederum gegen die Vereinbarkeit beider Rollen. Dabei gibt es diese Figur in Gestalt des Erfinder-Unternehmers, deren berühmtester wahrscheinlich der Amerikaner Thomas Alva Edison (1847-1931) ist. Edison hatte eine Reihe von Zeitgenossen, die, wie er, in der zweiten Hälfte des 19. Jahrhunderts oder zu Beginn des 20. wichtige Erfindungen von z.T. erheblicher wirtschaftlicher Tragweite machten: Robert Bosch (1861-1942), Werner von Siemens (1816-1892), Fritz Haber (1868-1934), um nur diese drei herausragenden Namen zu nennen. Sie alle zeichneten sich dadurch aus, dass sie selbst erfinderisch oder gar wissenschaftlich tätig waren und zugleich ihre Erfindungen bzw. Entdeckungen wirtschaftlich umsetzten. Bosch und Siemens gründeten Weltunternehmen, Haber erhielt den

Nobelpreis für seine Ammoniaksynthese. Obgleich sich dieser Typus des Erfinder-Unternehmers aufgrund der Spezialisierung der Wissenschaft historisch überholt zu haben scheint, wird er am Ende des 20. Jahrhunderts wieder beschworen: Die Wissenschaftspolitik drängt die Universitäten, sich enger an den Bedürfnissen der Wirtschaft zu orientieren. Die Ausgründung von Firmen durch Professoren gelten als krönender Erfolg. Die modernen Helden dieser Politik sind Bill Gates und Craig Venter. Dass es sich dennoch um Ausnahmeerscheinungen handelt, und dass diese Politik auf erhebliche Schwierigkeiten stößt, hat etwas mit den strukturellen Barrieren zu tun, die zwischen beiden Bereichen bestehen und die in Anbetracht der Kopplungen zwischen ihnen deutlich werden.

Die Kopplung zwischen Wissenschaft und Wirtschaft besteht zum einen in der Ausbildung von Fachkräften für den Arbeitsmarkt. Auf diese Weise erhält die Wirtschaft kontinuierlich das jeweils neueste Wissen in den Köpfen der Absolventen der einschlägigen Ausbildungsgänge an den Universitäten und Technischen Hochschulen und vergleichbarer tertiärer Ausbildungsinstitutionen. Zum anderen bedarf die Wirtschaft aber auch des unmittelbareren Zugangs zur Forschung. Die Wissenschaft gilt als bedeutendste Ressource wirtschaftlicher und technischer Innovation. Es überrascht, dass sich die ökonomische Theorie dennoch schwer tut, den Faktor ›Wissen‹ als Ursache des wirtschaftlichen Wachstums zu erklären (vgl. Mansfield 1991). Ein Strang der Forschung richtet sich infolgedessen auf die Verbindung zwischen Grundlagenforschung und technologischen Innovationen. Diese vorwiegend ökonomische Perspektive ist auf die strukturellen Bedingungen erweitert worden, die einzelne Nationen als ›Innovationssysteme‹ mehr oder weniger erfolgreich sein lassen (vgl. Nelson 1993). Z.T. wird sie auch von Wirtschaftshistorikern bzw. institutionalistisch orientierten Ökonomen vertreten (vgl. Rosenberg 1990). Die Wissenschaftssoziologie ist mit den dabei auftretenden Fragestellungen allenfalls indirekt befasst, z.B. wenn es um den Charakter der im Innovationsprozess involvierten Institutionen geht (vgl. Krohn et al. 1978). Viele der interessanten Forschungen zum Verhältnis von Wissenschaft und Wirtschaft kommen aus der Wirtschafts- und der Wissenschaftsgeschichte, aus der Innovationsforschung und aus der Hochschulforschung. Der zentrale Gegenstand der Wissenschaftssoziologie, auf den sich die folgende Darstellung konzentriert, ist das konflikthafte Verhältnis zwischen der Industrie und der Universität.

Der Zusammenhang zwischen Wissenschaft und Wirtschaft betrifft im engeren Sinn nur die sog. *science based-industries*, also diejenigen Industriebranchen, deren Produkte wissensbasiert sind und deren Entwicklung wissenschaftliche Forschung zur Voraussetzung hat, sowie die Universitäten. Es ist evident, dass sie unterschiedliche Ziele verfolgen und zwischen ihnen eine Konfliktlinie verläuft. Es sind im Wesentlichen drei potenzielle Konflikte: *Erstens* die Ausbildungsinhalte, d.h., die inhaltliche Gestaltung der als relevant erachteten Qualifikationen erfolgt entweder aus der Sicht disziplinärer Wissensbestände und ihrer Reproduktion oder nach wirtschaftlichen Erwägungen des erforderlichen Wissens. *Zweitens*: Die Bestimmung der Forschungsziele folgt entweder der innerwissenschaftlichen Bedeutung oder kommerziellen Kalkülen der Vermarktung. *Drittens*: Bei der Verfügung über die Forschungsergebnisse steht das Interesse der Wissenschaft an der öffentlichen Kommunikation dem der Geheimhaltung bzw. kommerziellen Nutzung entgegen. Aus diesen potenziellen Konflikten, die durchaus auch reale Konflikte sind, entspringen die interessanten Fragen, die seit langer Zeit Gegenstand der wissenschaftssoziologischen Forschung sind: In welchem Verhältnis stehen wissenschaftliche Verhaltensnormen und wirtschaftliche Orientierungen? Wie artikulieren sich die Konflikte zwischen Wissenschaft und Wirtschaft und wie werden sie organisatorisch gelöst, also welche institutionellen Arrangements werden gefunden? Verändern sich diese Arrangements und haben sie Rückwirkungen auf die Entwicklung der Wissenschaft?

2. Formen der ökonomischen Instrumentalisierung der Forschung

Eine für das späte 19. und die erste Hälfte des 20. Jahrhunderts typische Form des Zugriffs der Industrie auf die Forschung war die Organisation eigener Forschungsabteilungen. Aufgrund der erheblichen Kosten und ökonomischen Risiken konnten sich dies nur große Konzerne leisten, die in starkem Maß forschungsabhängig waren und noch heute sind, also solche in der chemischen, pharmazeutischen und elektrotechnischen Industrie. Die Organisation von Forschung in der Industrie steht dabei vor einem Dilemma der Kontrolle. Die akademischen Werte und Normen stehen im Konflikt zu den Kontrollbedürfnissen der industriellen Organisation, die die Arbeit in industriellen (und staatlichen) Forschungslaboratorien bestimmen. Für die Industrie geht es bei der Organisation von Forschung um die Steuerung auf eigene Ziele hin sowie um die Kontrolle von Kosten und Erfolg. Den Wissenschaftlern geht es dabei um die Selbstständigkeit der Wahl der Gegenstände und der Methoden, die als Voraussetzung für Kreativität und Innovativität gelten, aber auch Bedingung der Einbindung in das akademische Reputationssystem sind. Das sich daraus ergebende Dilemma für die Industrie ist, einerseits die Kreativität der Forschung erhalten zu müssen, andererseits die Kontrolle darüber nicht verlieren zu dürfen, dass die Forschungsabteilungen auch das tun, was im Interesse des Konzerns liegt.

In den 1960er Jahren wurde die Organisation der Forschung in der Industrie nicht zuletzt wegen der offen zutage tretenden Divergenzen zwischen akademischer und industrieller ›Kultur‹ vor dem Hintergrund eines verstärkten Forschungsbedarfs in der Industrie zum Gegenstand sozialwissenschaftlicher Analysen. In der Industrie herrschte noch überwiegend ein autokratischer Führungsstil, die Attraktivität der Rolle des Industrieforschers war deutlich niedriger, als die des akademischen Forschers. Die Soziologen legten der Industrie folglich nahe, ihre Organisationskultur zumindest im Forschungsbereich der der akademischen Wissenschaft anzunähern (vgl. Kornhauser 1962; Cotgrove/Box 1970: 167).

Im Verlauf der Zeit haben sich die Rahmenbedingungen der Forschungsorganisation in der Industrie verändert. In der Managementliteratur wird von der Abfolge ›dreier Generationen‹ gesprochen. Auf die erste dieser Phasen, die durch die »Intuition und das technische Know-how der Forschung und Entwickler« charakterisiert war, folgte in den 1970er Jahren die zweite, in der die Forschungs- und Entwicklungsausgaben systematischer an die Geschäftsanforderungen gebunden wurden, Kosten und Nutzen der Forschung somit auf genauer definierte Ziele zurechenbar und einem Controlling zugänglich waren. Entsprechend dem Wertewandel hin zu partizipativen Strukturen ist die dritte Generation durch die Integration der Forschungs- und Entwicklungsmitarbeiter in die Unternehmenskultur mit dem Ziel gekennzeichnet, dass diese sich mit den Unternehmenszielen identifizieren und an der Evolution der Unternehmensziele mitwirken sollen (vgl. Saad et al. 1991: 19-21, 161). Damit wird der akademische Organisationstypus mit seinen professionellen Wertorientierungen weitgehend in der Konzernstruktur repliziert, sodass die Forschung an den Unternehmenszielen orientiert und diese Verbindung fortdauernd überwacht werden kann.

Die Diskussion um das Verhältnis von Wissenschaft und Industrie wird unter anderem auch vor dem Hintergrund der Unterscheidung zwischen *Grundlagenforschung* und *angewandter Forschung* geführt. Dabei wird die Grundlagenforschung mit der selbstbestimmten Forschung in akademischen Kontexten (vornehmlich an Universitäten, in Deutschland auch in der Max-Planck-Gesellschaft) identifiziert. Die Unabhängigkeit und die Nähe zu bedeutenden Entdeckungen, die in der *scientific community* kommuniziert und in Reputation umgesetzt werden, verleihen ihr das größere Prestige. Die Ökonomisierung der Forschung, die zunehmende Orientierung an kommerziellen Zielen, wird deshalb häufig als Bedrohung der ›freien‹ Wissenschaft gedeutet (vgl. Gibbons/Wittrock 1985). Das Prestigegefälle zwischen den als einander gegenüberstehend dargestellten Forschungstypen, das die ›kulturellen‹ Unterschiede zwischen universitärer und industrieller Forschung begründet und die Autonomisierungstendenzen der Forschung im industriellen Kontext erklärt, wird jedoch in dem Maße hinfällig, wie die realen Unterschiede zwischen Grundlagen- und angewandter Forschung verschwimmen. Dabei ist nicht einmal klar, inwieweit es sich bei der Unterscheidung um ein ideologisches Paradigma handelt, dessen Wurzeln bis zu den Anfängen der neuzeitlichen Wissenschaft zurückreichen, oder um eine vormals angemessene Beschreibung der Wissenschaft, die angesichts grundlegender Veränderungen am

Ende des 20. Jahrhunderts ihre Gültigkeit verloren hat (vgl. Stokes 1997).

Die Unterscheidung von Grundlagen- und angewandter Forschung implizierte ein Modell des linearen Wissenstransfers von den Universitäten in die Industrie. Dieses Modell, das unter den Bedingungen der Nachkriegszeit und des Kalten Krieges auch legitimatorische Funktionen im Hinblick auf die Förderung der Grundlagenforschung hatte, erwies sich gegenüber der historischen Evidenz als unhaltbar. In der neueren Literatur ist es deshalb durch ein iteratives Modell, die sog. *Triple-Helix*, ersetzt worden (vgl. Etzkowitz/Leydesdorff 1997; Etzkowitz et al. 1998). Dabei handelt es sich faktisch um die Wiederentdeckung der Beziehung zwischen akademischer Wissenschaft, Industrie und Staat.

Das Modell behauptet die wechselseitige Übernahme von Funktionen zwischen Universität und Industrie (unter Einschluss des Staates, daher Triple) und stellt damit auf die vielfältigen Bemühungen um eine Öffnung der Universitäten und ihre stärkere Einbindung in den Wirtschaftsprozess ab. Dem Modell und den empirischen Beobachtungen zufolge übernimmt die Universität ›unternehmerische‹ Aufgaben wie das ›Marketing‹ ihres Wissens und die Errichtung von Firmen. Die Universität behält zwar ihre Grundfunktionen der Forschung und Lehre bei, in einigen Aspekten nimmt sie jedoch Züge der industriellen Firma an. Zugleich entwickeln Firmen ›akademische‹ Dimensionen, insofern sie Wissen untereinander austauschen und ihre Angestellten eigenständig weiterbilden. Sie übernehmen in ihrem Verhalten einige Züge der Universität, insofern sie als wissensorientierte Organisationen handeln. Alle diese Beobachtungen und die darauf beruhenden Modelle sind in einer relevanten Form allerdings nur in den sog. Wissensindustrien (*knowledge industries*) anzutreffen, also in den Industrien, die nicht nur wissenschaftsbasierte Produkte und Verfahren herstellen, sondern deren Produkt Wissen selbst ist.

Das Triple-Helix-Modell geht von einer *Kapitalisierung des Wissens* aus und richtet damit die Aufmerksamkeit auf den *Wissenstransfer* zwischen Wissenschaft und Wirtschaft. In früheren Phasen erfolgte der Transfer mehr oder weniger unsystematisch. Demgegenüber besteht die institutionelle Neuerung in der stärkeren Systematisierung der wirtschaftlichen Verwertung neuen Wissens durch die Sicherung intellektueller Eigentumsrechte an von Universitäten produziertem Wissen in Form von Patenten.[65] Diese Entwicklung impliziert eine sehr viel stärkere Orientierung der Universität auf den Markt bzw. auf die Wirtschaft. Die rezenteste Form der Kapitalisierung von Wissen und das einschlägige Beispiel für die Triple-Helix ist die Errichtung kommerzieller Organisationsformen *innerhalb* der Universitäten, wie Firmen für Auftragsforschungs-, Beratungs- und Produktionsorientierung zur Generierung von Einkommen aus Forschungsergebnissen. Dem Modell nach wird die Orientierung auf die Wirtschaft zu einer systematischen Abbildung der wirtschaftlichen (Außen-)Welt innerhalb der Universität fortentwickelt. Umgekehrt entspricht diesem auch der Versuch von Industriefirmen, sich die Infrastruktur von Universitäten zunutze zu machen und die akademische Umwelt in sich selbst abzubilden. Damit versucht die Industrie über den Transfer qua Personen und Patente hinaus, einen direkten Zugriff auf die universitäre Infrastruktur zu erlangen. Das Interesse der Forschung richtet sich folglich auf neuartige (und z.T. auch nicht so neuartige) Vermittlungsmechanismen zwischen Universitäten und Industrie in Gestalt von Transferbüros, Lizenzabteilungen, angelagerten Instituten oder Forschungszentren und Forschungskooperationen.[66] Die empirischen Analysen zeigen allerdings erhebliche Unterschiede sowohl hinsichtlich der Fächer, die Gegenstand der unterschiedlichen Kooperationsformen oder auch der Kapitalisierung der Forschung sind, als auch hinsichtlich der Universitäten, die an dieser Entwicklung partizipieren und von ihr gegebenenfalls profitieren. Hinzu kommen nationale Unterschiede, z. B. zwischen den primär staatlich organisierten europäischen Universitäten und den privaten amerikanischen Forschungsuniversitäten.[67]

3. Wandel der Universität – Wandel des wissenschaftlichen Ethos?

Aus der wissenschaftssoziologischen Perspektive ist besonders interessant, ob sich die Universitäten als Kerninstitution der Wissenschaft wirklich dahingehend ändern, dass sie eine ›dritte Mission‹ neben der Lehre und der Forschung übernehmen, nämlich kommerziell orientierter Innovationsmotor für die Industrie zu werden. Damit wäre eine Veränderung des wissenschaftlichen Normensets mit ungewissen Folgen für die institutionelle Integrität der Wissenschaft verbunden. Die Deutung geht dahin, dass die Norm der Uneigennützigkeit durch die Kapitalisierung des Wissens außer Kraft gesetzt wird (vgl. Etzkowitz/Webster 1995: 503). Die von Etzkowitz postulierte ›Transformation von Normen‹ läuft auf ein Nebeneinander der ursprünglich für unvereinbar gehaltenen wahrheitsorientierten Forschung und ihrer kommerziellen Verwertung hinaus, in der die Zurückhaltung von Forschungsergebnissen bis zur Patentierung nicht als problematisch gesehen wird (vgl. Etzkowitz 1989: 27).

Während dieses Nebeneinander an sich nicht neu ist, stellt sich dennoch die Frage, ob die kommerzielle Orientierung der Universitäten in dem behaupteten Sinn eine Entdifferenzierung von Wissenschaft und Wirtschaft signalisiert, wie zuweilen durch die Redeweise sich ›verwischender Grenzen‹ nahe gelegt wird. Die Indizien weisen in die umgekehrte Richtung. Die beschriebenen Prozesse der Kapitalisierung des Wissens beschränken sich nur auf bestimmte Bereiche der Wissenschaft und es ist nicht ausgemacht, wie dauerhaft sie sein werden. Die wechselseitige Abbildung der jeweiligen Außenwelten der Organisationen, soweit sie stattfindet, bedeutet gerade nicht, dass sich Wissenschaft und Wirtschaft entdifferenzieren, sondern im Gegenteil werden die organisatorischen Strukturen komplexer, in denen beide die Kopplung realisieren. Zudem zeigt sich an anderer Stelle, wie sensibel Wissenschaft und Öffentlichkeit auf eine weitreichende Kommerzialisierung reagieren. In der medizinischen und pharmakologischen Forschung, die einerseits für eine Vermengung kommerzieller Interessen und wissenschaftlicher Wahrhaftigkeit besonders anfällig ist und deren Ergebnisse andererseits wegen ihrer Bedeutung für die menschliche Gesundheit des besonderen Vertrauens der Öffentlichkeit bedürfen, spitzt sich der Konflikt in besonderer Weise zu. In den USA verlangt die führende Fachzeitschrift, das *New England Journal of Medicine*, bei der Publikation von Gutachten über Pharmaka die Offenlegung aller Interessenbindungen und unterstreicht damit die Bedeutung der institutionellen Trennung zwischen der Produktion und Kommunikation verlässlichen Wissens auf der einen und der kommerziellen Verwertung dieses Wissens auf der anderen Seite. Die Reaktionen der Medien auf die Skandale der entdeckten Betrugsaffären in der Forschung ebenso wie die öffentlichen Diskussionen um die wirtschaftlich motivierte Geheimhaltung der Daten des *human genome*-Projekts und die Forderung ihrer Offenlegung haben signalisiert, wie tief der Wert der freien Kommunikation als Grundlage des Vertrauens in das kulturelle Selbstverständnis demokratischer Gesellschaften eingebettet ist.[68] Das Problem des Verhältnisses von Wissenschaft und Wirtschaft wird folglich auf der Tagesordnung wissenschaftssoziologischer Reflexion bleiben.

IX. Wissen und Öffentlichkeit – Zum Verhältnis von Wissenschaft und Medien

Ausdifferenzierung und Spezialisierung der Wissenschaft haben auch die Entwicklung ihrer Spezialsprachen zur Folge gehabt. Damit ist die Wissenschaft in eine prekäre Distanz zur Gesellschaft geraten. Sie bedarf ihrer Ressourcen, aber ihre Gegenleistungen für die Gesellschaft bleiben oft unverständlich. Das Bemühen, diese Kluft zu überwinden, das so alt ist, wie die moderne Wissenschaft selbst, wird in demokratischen Gesellschaften nachdrücklicher gefordert als je zuvor. Die Wissenschaft ist gezwungen, ihre vormalige Zurückhaltung gegenüber einer allgemeinen Publizität aufzugeben und sucht die öffentliche Akzeptanz. Die Medien nehmen dabei die zentrale Mittlerfunktion ein, da sie über die Zuteilung von öffentlicher Aufmerksamkeit entscheiden und nach einer eigenständigen Logik operieren. Die Orientierung der Wissenschaft an den Medien bleibt jedoch nicht ohne Folgen für sie selbst. Das Verhältnis der Wissenschaft zu den Medien erhält aufgrund dessen eine neue, noch wenig erforschte Qualität. Wie versucht die Wissenschaft die Öffentlichkeit für ihre Ziele zu gewinnen? Welche Rolle spielen die Medien? Welche Rückwirkungen hat die Medienorientierung auf die Wissenschaft, auf die Sonderstellung wissenschaftlichen Wissens und seine Glaubwürdigkeit ?

1. Popularisierung und Medialisierung: Die Kopplung von Wissenschaft und Medien

Die selbstreferenzielle Geschlossenheit des Wissenschaftssystems, das Resultat der Ausdifferenzierung, konstituiert eine Besonderheit im Vergleich zu anderen ausdifferenzierten Funktionssystemen: In ihrer Kommunikation ist sie nicht an einem außer ihr selbst vorgestellten Publikum orientiert, sondern sie ist ihr eigenes Publikum. Infolgedessen hat sie eine für das allgemeine, außerwissenschaftliche Publikum unverständliche Sprache herausgebildet (vgl. Luhmann 1990: 625). Die Dynamik dieser Entwicklung einer Spezialsprache ist so virulent, dass diese sich auch intern vielfältig differenziert. Jede Disziplin hat ihre eigene Sprache, und der Prozess der Entwicklung spezialisierter Sprachen setzt sich immer weiter in deren Untergliederungen fort. Luhmann sieht deshalb in der »verdachtfreien Toleranz« gegenüber diesen für Außenstehende unverständlichen Sprachen eine, wenngleich hochgradig unwahrscheinliche, Bedingung der Ausdifferenzierung der Wissenschaft (ebd.: 623). Tatsächlich kann diese Toleranz auch keineswegs als gegeben gelten. Die moderne Wissenschaft sieht sich seit ihren Anfängen mit dem Ansinnen konfrontiert, sich »verständlicher auszudrücken und Wissen mehr zu verbreiten – nur dass eben niemand zu sagen weiß, wie das ohne Verlust an Sinngenauigkeit und Komplexität zu machen wäre« (ebd.: 626). Die Rhetorik der ›Inter-‹ oder ›Transdisziplinarität‹ ist ebenso als eine Variante der gesellschaftlichen Ansprüche an die Verständlichkeit der Wissenschaft zu verstehen, wie die Forderungen nach stärkerer Relevanz, intensiveren Praxisbezügen oder neuerdings ›Kontextsensitivität‹ (vgl. Nowotny et al. 2001). Das zumeist diffuse Unbehagen gegenüber der Wissenschaft findet sich auf vielen Ebenen in der Gesellschaft. Die Ambivalenz neuen Wissens, die Furcht vor den Überschreitungen moralischer Grenzen durch die Wissenschaft und den daraus sich ergebenden Folgen, ebenso wie die Faszination angesichts der ›Segnungen‹ des neuen Wissens, sind nicht zuletzt durch die Kluft der Unverständlichkeit bedingt, die die Öffentlichkeit von der Wissenschaft trennt.

Der Prozess der Ausdifferenzierung der Wissenschaft geht mit Versuchen der ›Übersetzung‹ des produzierten Wissens einher. Man kann eine einfache Beziehung unterstellen: Je weiter die Ausdifferenzierung fortschreitet, desto abstrakter werden die Gegenstände der Forschung, desto spezialisierter wird die Wissenschaftssprache, desto größer wird die Kluft zwischen der Wissenschaft und ihrer sozialen Umwelt, und desto intensiver werden die Vermittlungs- bzw. Übersetzungsanstrengungen. Die Übersetzungserwartungen seitens der ›jeweils anderen‹, wer immer das Publikum sei, und die entsprechenden Bemühungen, diesen nachzukommen, wandeln sich nicht nur in Abhängigkeit vom Ausdifferenzierungs- und d.h. vom Spezialisierungsgrad der Wissenschaft. Sie verändern sich auch im Kontext unterschiedlicher Gesellschaftsformen und der in ihnen relevanten bzw. speziell für die Wissenschaft relevanten Öffentlichkeiten.[69] Die in diesem Zusammenhang wichtigste Veränderung der vergangenen Jahrzehnte ist die Herausbildung der westlichen Massendemokratien. An die Stelle der bürgerlichen Öffentlichkeit, mit der Ende des 19. Jahrhunderts ein erster Boom der Wissenschaftspopularisierung als neuem Literaturtypus entsteht, tritt in der Mitte des 20. Jahrhunderts eine durch die Entwicklung der neuen elektronischen Medien (Radio, Film, Fernsehen, Internet) konstituierte und erheblich verbreiterte Öffentlichkeit. Sie ist nicht mehr durch Bildung, Einkommen und Geschlecht definiert – von der bürgerlichen Öffentlichkeit waren Frauen praktisch ausgeschlossen –, sondern erstreckt sich auf die gesamte Bevölkerung; sie ist zugleich hochgradig intern differenziert (vgl. Habermas 1962; Thompson 1995: Kap. 2). Mit der Etablierung dieser massendemokratischen Öffentlichkeit vermehren sich schließlich auch die Partizipationsansprüche, die ihrerseits sehr unterschiedliche Formen und Adressaten haben, die sich aber zunehmend auch auf Wissenschaft und Technik als Gegenstände des Interesses richten. Die seit etwa Mitte der 1970er Jahre andauernden öffentlichen Kontroversen um *Risiken* technischer Entwicklungen und wissenschaftlicher Forschungen belegen das und markieren auch eine neue Phase im Verhältnis zwischen Wissenschaft, Medien und Öffentlichkeit.

Die Kopplung zwischen Wissenschaft und Medien ergibt sich aus der Funktion, die die unterschiedlichen Teilöffentlichkeiten und damit die Medien für die Wissenschaft haben und umgekehrt aus der Funktion, die die Wissenschaft für die Medien hat. Dieser Zusammenhang ergibt sich daraus, dass es *die* abstrakte Öffentlichkeit nicht gibt, sondern die Medien gleichsam als ›realer‹ Repräsentant an deren Stelle treten. Da die Medien weitestgehend kommerzialisiert sind, ist ihr primäres Ziel gegenüber der Wissenschaft, wie gegenüber allen anderen Funktionsbereichen, Neuigkeiten über sie in Erfahrung zu bringen, um darüber berichten zu können. Die Medien ihrerseits haben für die Wissenschaft die Funktion, dass sie ihr selektiv Aufmerksamkeit in der Öffentlichkeit sichern. Diese Aufmerksamkeit ist wiederum auf unterschiedliche Weise instrumentalisierbar. Sie lässt sich zur

Legitimationssicherung in der politischen Arena einsetzen, sie kann innerhalb der Wissenschaft zur Steigerung von Reputation eingesetzt werden, wenngleich mediale Prominenz sich in der Wissenschaft auch nachteilig auswirken kann, und sie wird zuweilen dafür genutzt, innerwissenschaftliche Kontroversen zu beeinflussen (vgl. Bucchi 1996; Weingart/Pansegrau 1998). Die Öffentlichkeit(en) und damit die Medien, die sie repräsentieren und konstituieren, sind folglich eine sehr relevante Umwelt für die Wissenschaft.

Die soziologisch interessierende Frage ist, ob sich das Verhältnis zwischen ihnen verändert und wenn ja, wie und warum. Wie reagiert die Wissenschaft auf die wachsende Bedeutung der Medien? Welche Konsequenzen ergeben sich aus der Orientierung für sie selbst? Die Beantwortung dieser und verwandter Fragen führt die Wissenschaftssoziologie in die Kooperation mit der Medien- und Kommunikationswissenschaft.

2. Öffentlichkeit und Medien aus der Perspektive der Wissenschaft – Aufklärungsmodell und »Public Understanding of Science«

Dem traditionellen Konzept der Popularisierung liegt die Annahme einer Hierarchie der Wissensformen zugrunde, in der das wissenschaftliche Wissen aufgrund seiner epistemologischen Sonderstellung an der Spitze steht. Aufgrund seines Spezialisierungsgrades bedarf es besonderer Vermittlungsbemühungen. Die Öffentlichkeit als Adressat der Vermittlung ist in diesem Konzept unstrukturiert und passiv. Die Popularisierung wissenschaftlichen Wissens wird infolge dessen als Aufklärung ›von oben‹ konzipiert. Zwischen Wissenschaft und Öffentlichkeit besteht diesem Verständnis nach eine strikte Trennung. Aus kommunikationstheoretischer Sicht handelt es sich dabei um ein Modell der linearen Kommunikation zwischen Sender und Empfänger.

Dieser Sicht entspricht innerhalb der Wissenschaft eine weitgehende Geringschätzung der Popularisierung wie der Orientierung an der Öffentlichkeit überhaupt. Popularisierung erzeugt keine Reputation im wissenschaftlichen Kommunikationsprozess. Sie richtet sich an ein *externes* Publikum, und sie generiert *kein neues* Wissen (so die Unterstellung), zumindest keins, was als solches in der engeren Fachgemeinschaft gilt. Diese Geringschätzung der Popularisierung und der Öffentlichkeit als Publikum verändert sich in dem Maß, wie diese Öffentlichkeit eine Schlüsselstellung in der Ressourcensicherung für die Wissenschaft einnimmt. Genau das passiert als Folge der Demokratisierung.

In den 1950er und 60er Jahren ist die ›Öffentlichkeit‹ in den USA erstmals als ›Ressource‹ der Wissenschafts- und Technologiepolitik in den Blick geraten, nämlich als die Sowjetunion ihren ersten Satelliten in eine Erdumlaufbahn geschossen hatte. Tatsächlich waren es militärische Motive im Kontext des Kalten Kriegs, die die Amerikaner veranlassten, eine öffentliche Kampagne zur Mobilisierung von wissenschaftlichem und technischem Nachwuchs zu initiieren. Seitdem sind in den USA und in Europa aus unterschiedlichen Anlässen immer wieder derartige Kampagnen unternommen worden, die unter den Etiketten *Scientific Literacy* und *Public Understanding of Science* (PUS) propagiert wurden. Die gemeinsame Basis ist das sog. *Defizitmodell*, eine Vorstellung, nach der die Öffentlichkeit eines bestimmten Bildungsniveaus im Hinblick auf wissenschaftliches Wissen bedürfe, um kompetent an wissenschafts- und technologiepolitischen Entscheidungen teilnehmen zu können. Eine eher implizite Annahme war jedoch, dass ein hinreichender Bildungsstand zugleich das Verständnis für und die Zustimmung zur Wissenschaft, die steigenden öffentlichen Ausgaben für sie sowie schließlich den dringend benötigten Nachwuchs sichern würde. Das Konzept der *Sientific Literacy* hat eine Vielzahl von Umfragen bestimmt, in denen der ›Bildungsstand‹ der Bevölkerung abgefragt wurde. Diese Umfragen sind jedoch zurecht kritisiert worden, weil das abgefragte Wissen keinen Bezug zu relevanten Kontexten der Befragten hatte (vgl. Miller 1983).

Auch die zahlreichen Initiativen zur Verbesserung des ›öffentlichen Verständnisses‹ von Wissenschaft und Technik, die in den 1980er und 90er Jahren in England, den USA und zuletzt in Deutschland unternommen wurden, gehen von den traditionellen Annahmen der Popularisierung aus, d.h. der Wissenshierarchie, der Hierarchie von Experten und Laien und dem sich daraus ergebenden Kommunikationsmodell von ›oben‹ nach ›unten‹ (vgl. Durant et al. 1989). Daran hat sich trotz der tiefgreifenden Veränderungen der Vermittlungsformen der Wissenschaftsmuseen und der Gründung einer Vielzahl von *science centers* nur wenig geändert. Sie sind dadurch gekennzeichnet, dass sie die Ausstellung von Kuriositäten durch Interaktivität und einen Eventcharakter (*Infotainment*) ersetzen und vorgeblich in einen ›Dialog‹ mit der Öffentlichkeit treten. Damit tragen sie dem Massengeschmack Rechnung. PUS (oder PUSH: *Public Understanding of Science and Humanities*) ist deshalb als das Bemühen der Wissenschaft um Akzeptanz kritisiert worden, das die Öffentlichkeit, um deren Zustimmung geworben wird, weder angemessen versteht, noch dem demokratischen Modell gemäß ernst nimmt.[70] Vor diesem Hintergrund ist die Aufgabe des PUS-Konzepts in England »wegen der implizierten Geringschätzung der Öffentlichkeit« zugunsten eines neuen Konzepts – dem *Public Engagement with Science and Technology* (PEST) – ein Indikator der gestiegenen Sensibilität gegenüber einem anderen Typ von Öffentlichkeit (vgl. *Science* 298, 4. Oktober 2002: 49).

3. Teilnahmeansprüche der Öffentlichkeit und die Eigenständigkeit der Medien

Die umfassende Demokratisierung der Gesellschaft im 20. Jahrhundert hat die Neufassung des Gesellschaftsvertrags für die Wissenschaft bewirkt und zwingt die Wissenschaft, einer andersartigen Öffentlichkeit gegenüber Rechenschaft (*accountability*) zu leisten (vgl. Guston/Kenniston 1994). Damit vollzieht sich auch im Verständnis dessen, was mit Popularisierung gemeint ist, eine grundlegende Veränderung. Das paternalistische Aufklärungsmodell unter dem PUS-Etikett ist vor allem aufgrund der offensichtlichen Fehleinschätzung der Reaktionen der Öffentlichkeit in die Kritik geraten und wird zumindest in der wissenschaftlichen Diskussion nicht mehr aufrechterhalten.[71] Die großen Diskussionen über die Einführung der Kernenergie in den 1970er Jahren, die damit einhergehende Etablierung außerparlamentarischer Bürgerbewegungen und Nichtregierungsorganisationen, die sich um ein spezifisches Problem kristallisieren, sowie der faktische Legitimationsgewinn von ›Betroffenenrollen‹ und der sich aus ihnen herleitenden Partizipationsansprüche außerhalb der formaldemokratischen Delegationsmechanismen haben das Bild einer passiven Öffentlichkeit hinfällig werden lassen. Wissenschaftliche Experten sahen sich plötzlich Laien gegenüber, die das ihnen dargebotene Wissen und die daraus abgeleiteten politischen Folgerungen kompetent prüften (s. Kap. 7 in diesem Band).

In der wissenschaftssoziologischen Forschung über das Verhältnis von Experten und Laien bzw. Wissenschaft und Öffentlichkeit kam es aufgrund dessen zu wichtigen Akzentverschiebungen. Die Kompetenz von Laien, die Bedeutung lokalen Wissens und seiner Kontextgebundenheit im Hinblick auf die Interessenlagen derer, die von Expertenentscheidungen betroffen sind, rückten in den Mittelpunkt des Interesses. *Vertrauen* und *Glaubwürdigkeit* von Institutionen – zumal von Wissenschaft und politischen Instanzen, die sich bei ihren Entscheidungen auf sie berufen – wurden als die zentralen Elemente der Risikodefinitionen in der Öffentlichkeit identifiziert (vgl. Wynne 1992a: 300). Die Unsicherheit der wissenschaftlichen Expertenurteile und ihre politische Interpretationsfähigkeit lenkten die Aufmerksamkeit auf die für die wissenschaftliche Politikberatung konstitutive Erzeugung von Nicht-Wissen als Korrelat der Wissensproduktion und der Steigerung von Sicherheitserwartungen. Shapin, Wynne und andere argumentierten deshalb für eine Darstellung der Wissenschaft *in the making*, um über das Verständnis der sozialen Prozesse innerhalb der Wissenschaft das, wenngleich kritische, Vertrauen in die Wissenschaft zu fördern (vgl. Shapin 1992; Wynne 1992b). Die Diskussion über die neue Rolle der Öffentlichkeit brachte die überfällige Einsicht zutage, dass die in den Aufklärungskonzepten der Wissenschaft gepflegte Auffassung den Gegebenheiten der modernen Massendemokratien nicht mehr entspricht. Auch seitens der Wissenschaft werden die herkömmlichen Aufklärungskonzepte zunehmend mit Skepsis betrachtet.

Das traditionelle Aufklärungs- und Popularisierungsmodell wird auch aus der kommunikations- und medienwissenschaftlichen Perspektive in Frage gestellt. Die in diesen Modellen den

Medien zugewiesene Rolle unterstellt, dass sie wirklichkeitsgetreue Abbildungen liefern, d.h. diejenigen Informationen weitergeben und verbreiten, die aus der Sicht der Wissenschaft die Öffentlichkeit erreichen sollten. Diesem Bild haben die Medien jedoch nie entsprochen. Schon seit den 1920er Jahren ist deren Eigenständigkeit ein anerkannter Sachverhalt, der die häufig zu hörende Klage von Wissenschaftlern über ›falsche Darstellungen‹ müßig erscheinen lässt. Medientheoretiker haben die den Medien spezifischen, eigenständigen Muster der Verarbeitung von Informationen und ihrer Repräsentation in der sog. Nachrichtenwerttheorie zu fassen gesucht, die letztlich ein Kondensat der beobachteten operativen Kriterien der Nachrichtenauswahl und -darstellung ist (vgl. Staab 1990; Luhmann 1996). Hinsichtlich der empirischen Bestätigung durch genauere Kenntnisse der Arbeitsweise von Redaktionen (Printmedien, TV) sowie der Wahrnehmungen von Drehbuchschreibern und Regisseuren (TV, Film) besteht allerdings noch ein erheblicher Forschungsbedarf.

Die Eigenständigkeit der Medien hat weitreichende Implikationen für die Popularisierung und darüber hinausgehend für jede Art der Repräsentation von Wissenschaft im öffentlichen Raum. Wenn die Medien nach eigenen Kriterien Nachrichten auswählen und zugleich aufgrund ihrer Verbreitung gleichsam ein Monopol auf die Fokussierung der Aufmerksamkeit der Öffentlichkeit haben, dann fragt sich, wie die Wissenschaft ihrer Informations- und Rechenschaftspflicht nachkommen kann. Welche Bilder haben die Medien von der Wissenschaft, die ihre Berichterstattung über sie prägen? Welche Kriterien bestimmen ihre Nachrichtenauswahl über wissenschaftliche Themen und über Wissenschaftler? Welche Wirkungen hat ihre Berichterstattung auf die Öffentlichkeit?

Die Frage, welchen Einfluss die Medien auf die öffentliche Meinung haben, ist Gegenstand der Rezeptionsforschung. Neuere Theorien gehen davon aus, dass die Medien die Gesellschaft widerspiegeln und sie zugleich konstituieren (vgl. Luhmann 1996). Aus dieser Sicht lassen die in den Medien reproduzierten Stereotypen über die Wissenschaft darauf schließen, dass sie in der Öffentlichkeit vorhanden sind und zugleich von den Medien verstärkt werden. Die Erforschung der in den Medien vorfindbaren Stereotypen kann infolge dessen Aufschluss über die Differenzen zwischen der Selbstwahrnehmung der Wissenschaft und ihrer Wahrnehmung in der ›Laienöffentlichkeit‹ geben. Dies kann wiederum die Grundlage für eine besser informierte Popularisierung bieten, die dann allerdings einen ganz anderen Charakter annehmen würde.

Untersuchungen zu den Stereotypen der Medien über die Wissenschaft kommen übereinstimmend zu dem Ergebnis, dass sich die Stereotypen auf Mythen über die Andersartigkeit wissenschaftlichen Wissens und seiner Urheber sowie auf die Ambivalenz dieses Wissens zurückführen lassen.[72] Diese Mythen sind bis zur antiken Sage des Prometheus zurückzuverfolgen, sie haben in der mittelalterlichen Gestalt des Dr. Faustus Ausdruck gefunden, und sie werden auch heute noch in den Erzeugnissen der populären Kulturindustrie reproduziert (vgl. Haynes 1994; Back 1995). Angesichts derart tief in die Kultur eingebetteter Erwartungen und Befürchtungen im Hinblick auf wissenschaftliches Wissen fragt sich, ob vergleichsweise oberflächliche Bemühungen um Akzeptanz in der Öffentlichkeit überhaupt Aussicht auf Erfolg haben können.

4. Die ›Medialisierung‹ der Wissenschaft

Der veränderte Charakter der massendemokratischen Öffentlichkeit, der enorme Bedeutungszuwachs der Medien und das gestiegene Legitimationsbedürfnis der Wissenschaft haben auch das Verhältnis der Wissenschaft zu den Medien nachhaltig verändert. Eine ganze Reihe von Indizien lassen ein neues Phänomen erkennen, das als ›Medialisierung‹ der Wissenschaft bezeichnet werden kann. Deren eine Seite besteht in unterschiedlichen Formen der Instrumentalisierung der Medien durch die Wissenschaft. Die in dem Popularisierungsmodell unterstellte scharfe Trennung zwischen innerwissenschaftlicher und extrawissenschaftlicher Kommunikation, deren Linearität und die Passivität der rezipierenden Öffentlichkeit sind von verschiedenen Autoren in Frage gestellt worden. Shinn, Cloître und Whitley betonen zwar einerseits, dass die Kluft zwischen wissenschaftlicher Spezialsprache und Alltagsverständnis unüberbrückbar bleibt und die Popularisierung ihr beabsichtigtes Ziel nicht erreichen kann (vgl. Cloître/Shinn 1985: 163), andererseits findet Popularisierung aber ständig nicht nur nach ›außen‹, sondern auch nach ›innen‹ statt, von Disziplin zu Disziplin, als normaler Bestandteil jeglicher wissenschaftlicher Kommunikation, als Erklärung und Vereinfachung. Aus dieser Perspektive wird die Aufmerksamkeit auf die vielfältigen Formen des *rhetorischen Prozessierens* von Wissen gelenkt. Sie erscheinen als Popularisierung (vgl. Bunders/Whitley 1985; Green 1985; Nelkin 1987; Hilgartner 1990). Fallstudien zeigen überdies, dass die Öffentlichkeit in verschiedener Weise als relevantes Publikum der Wissenschaft dient und durchaus Adressat wissenschaftlicher Kommunikationen ist. Dies ist z. B. u. a. für die Diskussion über das ›Kriminalitäts-Chromosom‹ und die Entdeckung der ›Doppel-Helix‹ gezeigt worden.[73]

Neben dieser Form der Adressierung der Öffentlichkeit lassen sich spezifische Formen der Instrumentalisierung der Medien durch die Wissenschaft beobachten. Eine dieser Erscheinungen ist die Austragung von Prioritätenkonflikten über die sog. ›Vorveröffentlichung‹, also die Veröffentlichung von Forschungsergebnissen in den Medien (Tagespresse und/oder Fernsehen) vor deren Prüfung durch die langwierige *peer review* der Fachjournale. Anschauliche Beispiele sind die Prioritätsstreitigkeiten zwischen dem Amerikaner Gallo und dem Franzosen Montaigner um die Entdeckung des AIDS Virus, in dem es nicht nur um die Forscherehre, sondern die millionenschweren Patentrechte für einen präsumtiven Impfstoff ging, oder der spektakuläre Fall der ›Kalten Fusion‹. In diesem wenngleich außergewöhnlichen Fall hatte sich gezeigt, dass die beteiligten Wissenschaftler für eine gewisse Zeit die relevanten Informationen aus den Medien bezogen, statt aus der Kommunikation mit den Fachkollegen. Dadurch war der ›normale‹ Prozess der wissenschaftlichen Kommunikation mit ihren Prüfmechanismen außer Kraft gesetzt bzw. konnte erst mit einiger Zeitverzögerung greifen (vgl. Lewenstein 1995). In einer Zeit, in der Informationen per E-Mail in Sekunden über die ganze Welt verbreitet werden, kann dies zu weitreichenden kollektiven Reaktionen führen, die sich als kostspielig erweisen können (vgl. Weingart 2001: 254ff.).

Eine weitere Form der zunehmenden Medienorientierung der Wissenschaft ist in der an die Medien gerichteten Katastrophenkommunikation zu sehen. Spektakuläre Warnungen in den Medien vor dem Waldsterben, dem Ozonloch, dem anthropogenen Klimawandel, der Zerstörung der Biodiversität oder dem drohenden Einschlag von Meteoriten haben wiederum in den Medien Spekulationen darüber laut werden lassen, dass diese Warnungen strategisch motiviert sein könnten, um die mediale und damit die öffentliche Aufmerksamkeit auf die eigene Disziplin zu lenken und Vorteile im Verteilungskampf zu erringen. Diese skeptische Berichterstattung und die Zuschreibung eines (wissenschafts-)politischen Interesses beinhaltet die Gefahr eines Glaubwürdigkeitsverlusts, der mit dem Begriff des Kassandra-Syndroms belegt worden ist. Ein mögliches Szenario ist, dass wiederholte Katastrophenwarnungen, die aufgrund der Autorität der Wissenschaft in der Öffentlichkeit und von der Politik geglaubt werden, sich im Nachhinein als falsch erweisen und deshalb ihre Glaubwürdigkeit auf längere Sicht erodieren (vgl. ebd.: 272ff.). Effekte dieser Art, wenngleich sie auch noch nicht sehr ausgeprägt sein mögen, lassen die naive und unreflektierte Instrumentalisierung der Medien zur Sicherung von Akzeptanz als überdenkenswert erscheinen.

Die Instrumentalisierung der Medien muss mit deren Eigenständigkeit rechnen. In dem Maß, in dem die Wissenschaft sich an den Medien orientiert, um die Öffentlichkeit für sich zu gewinnen, unterliegt sie deren kommunikativen Kriterien. Das relevante Publikum sind dann die Medien, mit der Folge, dass deren »Konstruktion der Realität« (Luhmann) potenziell mit dem Wissen der Wissenschaft konkurriert, sei es im Hinblick auf die Selbstwahrnehmung der Wissenschaft, sei es aber auch im Hinblick auf spezifische Aspekte der Welt, zu denen Beschreibungen vergleichbaren Gehalts vorliegen. Die Medienorientierung bleibt also möglicherweise nicht ohne Folgen für die Wissenschaft. Dies deutet sich im Verhältnis von wissenschaftlicher Reputation zu medialer Prominenz an.

Öffentliche Aufmerksamkeit ist ein vielfach begehrtes Gut, über das die Medien allein verfügen. Ihr spezifisches Mittel zur Fokussierung von Aufmerksamkeit ist die Verleihung von Prominenz. Die ›externe‹ Zuweisung von Prominenz in den Medien ist für Wissenschaftler zunächst irrelevant, da nur die aufgrund der innerwissenschaftlichen Aufmerksamkeit zugewiesene Reputation für ihre Stellung in der Wissenschaft zählt. Gemäß dem Ethos der Wissenschaft gilt schon das Streben nach öffentlicher Prominenz als geschmacklos. In dem Maße, in dem die Öffentlichkeit jedoch zu einer relevanten Bezugsgröße für die Konkurrenz um Ressourcen oder die Legitimierung umstrittener Forschung wird, kann mediale Prominenz in der politischen Arena eingesetzt werden. Wenn über ganze Forschungsrichtungen im politischen Raum und nicht aufgrund innerwissenschaftlicher Kriterien entschieden wird, ist das über die Medien vermittelte Image von Wissenschaftlern und ihren Disziplinen unter Umständen ein entscheidender Faktor in der öffentlichen Diskussion. Goodell (1977) hat den *visible scientist* als einen neuen Typus von Wissenschaftler beschrieben, der die mediale Prominenz gerade in öffentlichen Kontroversen sucht. Bei der Verleihung von Prominenz richten sich die Medien eben nicht oder nicht vorwiegend nach der wissenschaftlichen Reputation, sondern nach den Kriterien des medialen Interesses. Die ›Medienstars‹ unter den Wissenschaftlern müssen schillernde Persönlichkeiten sein, sich durch Sprachgewandtheit und Selbstdarstellungskunst auszeichnen und an einem attraktiven Forschungsthema arbeiten. Vereinzelte Beispiele von derartigen sichtbaren und prominenten Wissenschaftlern zeigen, dass mediale Aufmerksamkeit mit den innerwissenschaftlichen Steuerungsmechanismen interferieren kann (vgl. Weingart/Pansegrau 1998).

Diese Verschiebung der Perspektive, die die privilegierte Stellung wissenschaftlichen Wissens aufgibt, öffnet den Blick auf die Kommunikation zwischen der Wissenschaft, den Medien und anderen gesellschaftlichen Funktionssystemen. Untersuchungen der Kommunikationsmuster zwischen Wissenschaft, Medien und Politik haben z.B. gezeigt, dass die von Klimaforschern formulierte Hypothese eines anthropogenen Klimawandels in der Politik zu einem Entscheidungsproblem angesichts vielfältiger Unsicherheiten, in den Medien dagegen zu einer als gewiss erachteten, drohenden Katastrophe verarbeitet wird. Außerdem wurden auch die Rückwirkungen der Kommunikation auf die Wissenschaft selbst in Gestalt skeptischer Reaktionen gegenüber dem

Wahrheitsgehalt des Wissens erkennbar.[74] Die unterschiedlichen Rationalitäten der verschiedenen Systeme bedingen offensichtlich unterschiedliche Wahrnehmungen und Selektionen bei der Kommunikation des Wissens (vgl. Weingart et al. 2002).

Gerade im Zusammenhang zwischen Wissenschaft, Politik und Medien kann angesichts der Forschungsergebnisse über mediale Diskurse zu wissenschaftsbezogenen Themen nicht mehr unterstellt werden, dass der Wissenschaft die privilegierte Stellung zukommt, wahres Wissen zu kommunizieren, das von den Medien unverändert übernommen und weiterverbreitet wird und in der Politik eindeutige Entscheidungen hervorbringt. Vor diesem Hintergrund gewinnen die spezifischen Formen und Mechanismen des Prozessierens von Wissen sowie die Übergänge der Kommunikation zwischen den Systemen ein besonderes Interesse für die Wissenschaftssoziologie und die Mediensoziologie gleichermaßen.

X. Epistemische Gemeinschaften, Wissenskulturen und Wissensgesellschaft – Neue Perspektiven der Wissenschaftssoziologie

1. Einheit und Differenzierung der Wissenschaft: Perspektiven auf den Gegenstand der Wissenschaftssoziologie

In der Einleitung zu diesem Band ist das wissenschaftliche Wissen als *eine* besondere *Wissensform* unter anderen dargestellt worden. Die besondere Bedeutung, die das wissenschaftliche Wissen für die modernen Gesellschaften seit dem 17. Jahrhundert spielt und die Ausdifferenzierung der Wissenschaft als ein Funktionssystem mit spezifischen Organisationen wie der Universität und dem Forschungslaboratorium begründen die Wissenschaftssoziologie als eine wissenschaftliche Betrachtungsweise. Gegenstand der Wissenschaftssoziologie ist die Wissenschaft als besondere Form des Wissens, ihre Entwicklung sowie ihr Verhältnis zu anderen Wissensformen. Besonders die Beobachtung der Wechselwirkungen zwischen wissenschaftlichem Wissen und anderen Wissensformen weist über den klassischen Gegenstandsbereich der Wissenschaftssoziologie hinaus. In diesem letzten Abschnitt sollen einige der neuen Perspektiven näher betrachtet werden, die auf strategische Forschungsgegenstände der Wissenschaftssoziologie der nächsten Zeit gerichtet sind. Die einschlägigen Konzepte sind: epistemische bzw. Wissenskulturen, Wissensformen, Wissensgesellschaft.

Zwei übergreifende Entwicklungsrichtungen der Wissenschaftssoziologie lassen sich unterscheiden. Auf der einen Seite ist es ihre Orientierung ›nach innen‹, d.h. auf die interne Beschaffenheit der Wissenschaft.[75] Sie hat das Gebiet bisher dominiert, und es ist deshalb auch nicht überraschend, dass die Forschungsentwicklung in die Richtung einer immer weiteren Differenzierung gegangen ist. Aufgrund der immer detaillierteren Beobachtung ist das ursprüngliche Bild einer relativ einheitlichen ›Kultur‹ der Wissenschaft, die im Wesentlichen durch ein gemeinsames Normenset und durch die Kerninstitution der Universität beschrieben werden kann, einer großen Vielfalt von Beschreibungen gewichen, die auf die Differenzen setzen: die Verschiedenheit der disziplinären Kulturen, die der Methoden der Datenerzeugung, die der Standards der Anerkennung des Wissens und die der Typen von ›Wahrheit‹, die auf diese Weise verfolgt und etabliert werden.[76] Es hat fast den Anschein, als ginge der Wissenschaftssoziologie ihr Gegenstand ›Wissenschaft‹ verloren und als löse er sich in eine Vielzahl disparater Beschreibungen von Detailphänomenen auf. Die Radikalisierung der Analyse von Unterschieden führt dazu, Gemeinsamkeiten zu übersehen oder gar zu leugnen. Jenseits der zur Profilierung eigener Positionen nahe liegenden Vereinfachungen lässt sich fragen, ob es nicht doch noch eine ›Einheit der Vielfalt‹ gibt. Die Wissenschaft ist ungeachtet aller inneren Differenzierungen nach wie vor ein analytisch abgrenzbares Funktionssystem. Die Betonung der Differenzen hat sicher eine fortschreitend reichhaltigere Beschreibung geliefert und damit den Kenntnisstand über den Gegenstand ›Wissenschaft‹ erweitert. Die Mühe wäre jedoch vergeblich, wenn nicht die Spezifik des Systems im Blick bliebe. Diejenigen Aspekte, die allen Disziplinen und Spezialgebieten, allen Institutionen und Organisationen der Forschung und Lehre, allen Kommunikationsformen gemeinsam sind und sie über die Unterschiede hinweg verbinden, bleiben ebenso relevant und sind es wert, ebenso intensiv thematisiert zu werden, wie die Unterschiede. Aspekte der Einheit der Wissenschaft – z. B. die Vorstellung und die Identität der Universität, die Besonderheiten von Forschungsorganisationen jenseits kultureller Differenzen, die Regeln wissenschaftlichen Verhaltens als Grundlage der Sanktionierung von Betrug, die Bedingungen der Glaubwürdigkeit wissenschaftlichen Wissens, die Distanz wissenschaftlichen Wissens zu seiner gesellschaftlichen Umwelt und deren Konsequenzen – sind lohnende Gegenstände der Forschung, nicht zuletzt weil auch sie fortwährenden Veränderungen unterworfen sind. Sie sind auch Gegenstände von hoher Aktualität, insofern sie dringende Fragen der Wissenschaftspolitik betreffen, und diese unterscheidet sich nach wie vor von Finanz- oder Familienpolitik.

Die zweite Entwicklungsrichtung der Wissenschaftssoziologie weist in die Richtung der Bezüge der Wissenschaft zu anderen Funktionssystemen der Gesellschaft. Es ist die Orientierung der

Wissenschaftssoziologie ›nach außen‹.[77] Sie ist weit weniger ausgeprägt als die Innenanalyse der Wissenschaft. Dementsprechend vorläufig und spekulativ sind noch die meisten der Beobachtungen. Auch im Hinblick auf die Beziehung der Wissenschaft zu anderen Teilsystemen der Gesellschaft wird zumindest von einigen Autoren die Auflösung des Gegenstands behauptet, z. B. wenn eine neue Form der Wissensproduktion dadurch charakterisiert wird, dass in ihr die Spezifik der Wissenschaft als Institution verlorengeht, also letztlich die Entdifferenzierung von Wissenschaft und anderen gesellschaftlichen Teilbereichen stattfindet. Demgegenüber wurde hier die entgegengesetzte Auffassung dargelegt, der zufolge die Differenzierung weiter fortschreitet und sich gerade daraus komplexe Kopplungen ergeben.

Eine Zeitlang erschien es so, als seien beide Entwicklungsrichtungen einander entgegengesetzt oder vollkommen unabhängig voneinander, nicht zuletzt deshalb, weil unfruchtbare Gegensätze zwischen theoretischen und methodischen Zugängen (qualitativ vs. quantitativ, mikro- vs. makrostrukturell, induktiv vs. deduktiv, konstruktivistisch vs. institutionalistisch) aufgemacht wurden. Seit ungefähr Mitte der 1990er Jahre sind jedoch erste Annäherungen zu erkennen. Fast hat es den Anschein, als drängelten sich die Vertreter der verschiedenen Richtungen um die Definitionshoheit weniger zentraler Begriffe, darunter vorrangig dem der ›Wissensgesellschaft‹. Wie ist es dazu gekommen?

2. Formen des Wissens, epistemische Gemeinschaften, Wissenskulturen

Die differenzierenden Analysen der Wissenschaft haben eine Gemeinsamkeit: Sie nehmen Bezug auf einen breiter gefassten Begriff der Wissenskulturen, der das analytische ›Dach‹ bildet. Darunter finden sich eine Reihe verwandter Konzepte, deren Zusammenhänge und Implikationen diskutiert werden sollen.

Der geschärfte wissenschaftssoziologische (und auch -historische) Blick auf die Differenzen zwischen Wissenschaftsgebieten oder -disziplinen ist schon durch Charles P. Snows (1876-1964) berühmtes Buch (1959) auf den Begriff der ›Kulturen‹ fixiert worden. Snow unterschied die ›zwei Kulturen‹ der *literary intellectuals* und der *scientists* anhand ihrer unterschiedlichen Orientierungen: die optimistische der Wissenschaftler, vor allem der Physiker, und die pessimistische der literarischen Intellektuellen. Er war besorgt über die zunehmende Verständigungsschwierigkeit zwischen beiden und die Folgen, die dies angesichts der dramatischen Fortschritte der Naturwissenschaften für die Gesellschaft haben würde. Snows Begriff der ›Kulturen‹ bezieht sich also auf Gemeinsamkeiten der Naturwissenschaften einerseits und der Geisteswissenschaften andererseits und hebt sich infolgedessen von einzelnen Disziplinen oder Gegenstandsbereichen ab.[78]

Thomas Kuhns Versuch, im Anschluss an Ludwik Flecks (1896-1961) ›Denkkollektive‹ sog. Paradigmengruppen zu definieren, d.h. wissenschaftliche Gemeinschaften, die sich nicht primär über die disziplinäre Organisationen, sondern über gemeinsame Denkstile bzw. Theorien oder modellhafte Methoden identifizieren lassen, liegt auf einer ähnlichen Linie. Kuhn ging es dabei vor allem darum, normale Forschung und durch sie hervorgebrachte Konflikte *innerhalb* von Disziplinen interpretieren zu können. Er wollte das Verhalten der Wissenschaftler durch ihre inhaltlichen Überzeugungen, eben das von der *community* geteilte Paradigma, erklären.

Kuhns Paradigmengruppe hat wiederum weitere Konstrukte ähnlicher Art inspiriert. Haas führt sein Konzept der Epistemischen Gemeinschaften *(epistemic communities)* ausdrücklich auf Kuhn zurück. Nach seiner Definition werden die epistemischen Gemeinschaften durch den gemeinsamen Glauben an die Wahrheit und Anwendbarkeit bestimmter Wissensformen zusammengehalten.[79] Haas' Interesse gilt den international tätigen Experten, die die Koordinierung der Politik im Hinblick auf globale Probleme aufgrund ihrer ähnlichen, durch wissenschaftliches Wissen geprägten Orientierungen allererst ermöglichen.

Knorr-Cetina nimmt den Begriff auf, spricht aber von Wissens*kulturen* (*epistemic cultures*). Der Begriff selbst bleibt kryptisch: »Wissenskulturen sind Kulturen von Wissenskontexten, und diese stellen ein strukturelles Merkmal von Wissensgesellschaften dar« (Knorr-Cetina 2002: 19). Auch der Begriff der Kultur bleibt undurchsichtig. Ihm wird zugeschrieben, dass er »Wissensmaschinerien verschiedener Bereiche« hervorhebt. Außerdem wird auf eine Reihe von Assoziationen verwiesen, die sich mit dem Begriff in der Literatur verbänden: verschiedene Erkenntnistechnologien, »verschiedenste instrumentelle, theoretische, organisatorische, sprachliche und andere Herangehensweisen« und »symbolisch-expressive Anteile menschlichen Zusammenlebens« (ebd.: 21).[80] In der Untersuchung der Hochenergiephysik und der Molekularbiologie geht es letztlich um die Unterscheidung verschiedener »Praktiken der Herstellung und Validierung von Wissen« (ebd.: 337).

Insbesondere dieses Beispiel weist auf das Risiko hin, das mit der Verwendung des ›Kultur‹-Begriffs verbunden ist. Durch die Mode der *cultural studies* befördert, wird der Begriff in einer analytisch kaum kontrollierten Weise auf eine Vielfalt von Phänomenen angewandt. Obgleich, folgt man Hess, die *cultural studies* von Wissenschaft und Technik noch vergleichsweise theoretisch und methodisch disziplinierter sind, als das Feld allgemein, finden sich doch viele höchst unterschiedliche und in erster Linie durch ihre ›kritischen‹ Wertorientierungen miteinander verbundene Strömungen (Feminismus, Anti-Rassismus, Post-Strukturalismus, Post-Modernismus, Post-Kolonialismus usw.). Aus der Perspektive der deutschen bzw. europäischen Wissenschaftssoziologie muten die Bezüge auf Marx und die Kritische Theorie, die in den amerikanischen *cultural studies* eine erhebliche Rolle spielen, wie eine Reise in die Vergangenheit an.

Einschlägig für die Betrachtung hier ist jedoch die Bedeutung spezifischer Werte, die die Weisen der Erkenntnisproduktion, die Anerkennung von Wissen, die Anschauungen der Welt prägen und folglich Unterschiede zwischen Zeitperioden, Nationen, Klassen, Geschlechtern, ethnischen Gruppen usw. Mit ›Kultur‹ ist vieles gemeint, und der Begriff ist kaum konsensuell operationalisierbar, aber er fokussiert zumindest den Blick auf die Unterschiede wertbestimmter Orientierungen und der daraus sich ergebenden Wissensformen.[81]

Man wird allerdings fragen müssen, ob die Identifikation bestimmter sozialer Gruppen über Wertorientierungen, Weltanschauungen und Praktiken der Erkenntnisproduktion in einer wenigstens annähernd ähnlichen Form gelingt, wie in Kuhns

›Paradigmengruppe‹ oder Bourdieus ›Sozio-kognitivem Feld‹. Kuhn hat sich bekanntlich lange und eben nicht besonders erfolgreich mit diesem Problem herumgeschlagen.[82] Der Grund für seine Schwierigkeiten ist unter anderem in der diffusen Definition des ›Paradigmas‹ zu sehen, also der epistemischen Einheit, die die Basis der sozialen Gruppierung ist.

Die mit dem Begriff der ›Kultur‹ angestrebte Abkehr vom Begriff der ›Disziplin‹ ist auch als eine Ausweitung der darunter liegenden Vorstellung von ›Wissen‹ zu sehen. Dahinter steht die These, dass nicht nur der Wissens- und Methodenkanon der herkömmlichen Disziplinen das Handeln der Wissenschaftler bestimmt und die Weiterentwicklung der Wissenschaft erklärt, sondern auch das Alltagswissen, die religiösen Glaubenshaltungen, die nationale Identität, lokale Mythen, Aberglauben usw., wenngleich deren Rolle auch nicht näher spezifiziert werden kann. Wissenschaftliches Wissen wird auf diese Weise anderen Wissensformen ›gleichgestellt‹ bzw. seiner privilegierten Position enthoben.

Ziman geht auf die Beziehungen zwischen wissenschaftlichem Wissen und anderen Wissensformen, vor allem dem Alltagswissen, ein und versucht zu zeigen, dass wissenschaftliches Wissen ein Glaubenssystem (*belief system*) ist wie andere auch. Vor dem Hintergrund der umfassenden empirischen Kritik an den Idealen der Wissenschaft entwirft er eine ›naturalistische Epistemologie‹, d.h. ein soziologisches Modell der Wissenschaft, das auf der Beobachtung der tatsächlichen Praktiken beruht. Dabei orientiert er sich unter anderem an den Normen des wissenschaftlichen Ethos und diskutiert deren tatsächliche Geltung. Wissenschaftliches Wissen, so sein Fazit, ist nicht objektiv, sondern reflexiv. Die ›Forschungskultur‹ (*research culture*) lässt sich ihm zufolge am ehesten als systematische, rationale menschliche Aktivität beschreiben. Sie steht im Einklang mit dem *common sense*, ihre Methoden sind außerordentlich ›vernünftig‹ (*reasonable*) und den Situationslogiken gut angepasst, in denen sie verwandt werden (vgl. Ziman 2000: 327ff.). Damit wendet er sich zugleich gegen radikale Relativismen und Konstruktivismen, die keine Differenz mehr zwischen wissenschaftlichem Wissen und anderen Wissensformen erkennen wollen.

Ist diese Argumentationslinie ein Indiz dafür, dass die Aufhebung der Differenzen zwischen wissenschaftlichem Wissen und anderen Wissensformen in einem Begriff der Kultur an ihre Grenzen stößt? Unter einigen Vertretern der radikaleren Versionen der angelsächsischen *Science Studies* zeichnet sich ein wundersamer Sinneswandel ab, der diese Folgerung nahe legt. Unter dem Etikett der ›Dritten Welle der Wissenschaftsforschung‹ (*Third Wave of Science Studies*) überraschen Collins und Evans ihre Leser mit dem Eingeständnis, Soziologen seien so erfolgreich in der Auflösung von Unterscheidungen gewesen, dass sie nun nicht mehr in der Lage sind, zwischen wissenschaftlichem Wissen und anderen Wissensformen oder zwischen Experten und Nicht-Experten zu unterscheiden. Wo in der ›Zweiten Welle der Wissenschaftsforschung derart viel dekonstruiert worden sei, müsse Wissen nunmehr *re-konstruiert* werden (Collins/Evans 2002: 239ff.).[83]

Collins' und Evans' Analyse sucht eine Antwort auf das Problem zu geben, welche Art von Wissen als Expertise gelten kann, die legitimerweise an technischen Entscheidungen zu beteiligen ist. Die ebenso bemerkenswert konservative wie unter demokratietheoretisch informierten Autoren wenig überraschende Antwort läuft auf eine Differenzierung unterschiedlicher Expertise im Hinblick auf Klassen von technischen Problemen hinaus (z. B. solche, die hochspezialisierte Wissenschaft im Unterschied zu öffentliche Technologien betreffen). Wissenschaftler sind nicht als Generalisten legitimiert, an Entscheidungen teilzunehmen, sondern nur als Spezialisten für ihr jeweiliges Gebiet, soweit dieses für die betreffenden Entscheidungen relevant ist. Analoges gilt den Autoren zufolge für nicht zertifizierte Experten, die über spezifisches *Erfahrungs*wissen verfügen (vgl. ebd.: 270). Beide folgen damit der etwa Mitte der 1990er Jahre begonnenen Diskussion über die Einbeziehung breiterer Kreise von Experten, Laien und Interessenten in politische Entscheidungen, die einen wissenschaftlich-technischen Gehalt haben (vgl. EU 2002; s. Kapitel 7 in diesem Band).[84]

Die Analyse von Collins und Evans ist exemplarisch, insofern sie zeigt, dass die aktuellen Probleme, wie z. B. die Legitimierung des Einflusses wissenschaftlichen Wissens im politischen Prozess, überhaupt nur in den Blick geraten, wenn die epistemische Sonderstellung dieses Wissens und damit der besondere Einfluss seiner Träger gesehen wird. Insofern ist der Bezug auf einen umfassenden Wissensbegriff nur dann analytisch hilfreich, wenn darunter zugleich gesellschaftlich als unterschiedlich anerkannte Wissensformen erfasst werden.

3. Neue Formen der Wissensproduktion, Wissenschafts- oder Wissensgesellschaft

Diejenigen Analysen, die eine grundlegende Veränderung im Verhältnis der Wissenschaft zu anderen Bereichen der Gesellschaft und damit auch des Charakters der Wissenschaft selbst konstatieren, behaupten z.T. eine zunehmende Entdifferenzierung der Wissenschaft. Das betrifft u.a. eine Reihe von Thesen, die die Institutionalisierung eines neuen Modus (*mode 2*) der Wissensproduktion postulieren. Dazu zählt z.B., dass die Universitäten nicht länger der privilegierte, noch gar der einzige Ort der Produktion wissenschaftlichen Wissens sind; die Wissenschaft als soziale Institution diffundiert in viele Bereiche der Gesellschaft; der Zugang zu wissenschaftlichem Wissen wird prinzipiell für alle gesellschaftlichen Gruppen geöffnet; die Kriterien der Beurteilung von Qualität und Relevanz des Wissens werden nicht mehr allein von der Wissenschaft selbst definiert, sondern auch von den Anwendern des Wissens aufgrund ihrer jeweiligen Relevanzkriterien und Nutzenerwartungen; die Wissenschaft verliert damit ihre institutionelle Identität und ihr Monopol der Erzeugung gesicherten Wissens; die Forschung orientiert sich verstärkt an sozialen Werten und politischen Zielen sowie an den Medien (vgl. Gibbons et al. 1994: 4ff.; Funtowicz/Ravetz 1993).

In den Reaktionen auf diese Thesen ist vielfach darauf hingewiesen worden, dass es sich eher um ein politisches Programm als um die empirische Beschreibung der gegenwärtigen Situation der Wissenschaft handele (vgl. Shinn 2002).[85] Es geht den Autoren um eine Enthierarchisierung des Verhältnisses zwischen der Wissenschaft und der Zivilgesellschaft, um eine Kontrolle der Experten durch die Bevölkerung und in diesem Sinn um eine Demokratisierung der Wissenschaft. Dahinter steht die Hoffnung, dass eine auf diese Weise demokratisch kontrollierte Wissenschaft eine bessere Einbettung in die Gesellschaft erfährt und negative Folgewirkungen der Forschung und der Technologieentwicklung vermieden werden.

Unabhängig davon, ob man die Programmatik teilt, hat die These von der ›neuen Wissensproduktion nach *mode 2*‹ eine breite Diskussion ausgelöst und Forschungen zur empirischen Bestätigung oder Widerlegung initiiert. Der Streit geht letztlich um die Frage, ob sich die beobachtbaren Veränderungen der Rolle wissenschaftlichen Wissens in der Wirtschaft, im Recht, im Gesundheitssystem, in der Politik als eine weiter fortschreitende Verwissenschaftlichung der Gesellschaft verstehen lassen, oder aber als eine Auflösung der Wissenschaft in die Gesellschaft (vgl. Weingart 2001: 333f.). Im ersten Fall bleibt die Wissenschaft als ausdifferenziertes Funktionssystem erhalten, im zweiten wird die Transformation der Industrie- zur *Wissensgesellschaft* in der Weise als vollzogen postuliert, dass die Wissenschaft ihre spezielle Stellung verloren hat und z.B., wie Willke behauptet, die Auflösung der Wissenschaft in der (Wissens-)Ökonomie bereits erfolgt ist (vgl. Willke 2001, 1998).[86] In diesen Analysen wird also die Entdifferenzierung der Wissenschaft als Funktionssystem in ihrem Verhältnis zur Gesellschaft behauptet.

Die Polarisierungen der Begriffe und der Beschreibungen sind allerdings überzogen, zum einen, weil der Begriff der Wissensgesellschaft (noch) nicht scharf genug gefasst ist, zum anderen, weil sich für beide Interpretationen empirische Belege finden lassen, ohne dass sie ausreichten, eine der beiden als falsch auszuschließen. Der Begriff der Wissensgesellschaft und die Frage, ob es sich um einen bereits realisierten neuen Gesellschaftstypus handelt, oder ob der Begriff eher ein Schlaglicht auf spezifische Tendenzen wirft, bilden jedoch einen fruchtbaren Kristallisationspunkt für die Präzisierung der Rolle der Wissenschaft in der Gesellschaft unter post-industriellen Bedingungen. Vor allem ergibt sich eine neue analytische Perspektive.

4. Die Vielfalt der Wissensformen und die theoretische Bedeutung des ›Wissens‹ – neue Forschungsperspektiven der Wissenschaftssoziologie

Der hier gewählte Ausgangspunkt, dass die funktionale Differenzierung der Gesellschaft als gegeben vorausgesetzt wird und damit die Beziehungen zwischen der Wissenschaft und den übrigen Teilsystemen der eigentlich interessante Gegenstand der Wissenschaftssoziologie sind, steht ausdrücklich und bewusst im Widerspruch zu den Ansätzen, die die Entdifferenzierung der Gesellschaft und die Auflösung der Grenzen zwischen unterschiedlichen Wissensformen konstatieren. Nimmt man die Thesen zur Veränderung der Modi der Wissensproduktion als empirische Behauptungen ernst, dann wird, will man die differenzierungstheoretische Sicht nicht dogmatisch von jeder Analyse ausnehmen, diese selbst zum Gegenstand der Forschung und theoretischen Spekulation. Welche Szenarien der zukünftigen Entwicklung der Wissenschaft und ihrer Stellung in der Gesellschaft lassen sich vor dem Hintergrund der gegenwärtigen Diagnosen entwickeln? Für die Wissenschaftssoziologie ist die zentrale Frage die nach der zukünftigen Gestalt der Wissenschaft und ihrer Institutionen.

Obgleich uns zu Beginn des 21. Jahrhunderts die Ausdifferenzierung der Wissenschaft, ihre fortschreitende Spezialisierung und damit auch ihre weiter zunehmende Distanz zur Gesellschaft als eine unumkehrbare Entwicklung erscheint, muss man sich vergegenwärtigen, dass die Entwicklung der modernen Disziplinen kaum älter als 170 Jahre ist und diese für die Ausdifferenzierung der Produktion wissenschaftlichen Wissens verantwortliche Organisationsform sich nicht nur kontinuierlich verändert hat, sondern sich derzeit auch dramatisch zu verändern scheint. Wenn z. B. die Beobachtung richtig ist, dass die Produktion wissenschaftlichen Wissens in viele Bereiche der Gesellschaft diffundiert und die Qualität des produzierten Wissens nicht mehr durch die Disziplinen allein zertifiziert wird, dann fragt sich, welche Folgen das für das gesellschaftliche Vertrauen in das Wissen, für das ›Sich-verlassen-Können‹ auf dieses Wissen haben würde.

Was wären die Konsequenzen hinsichtlich der Kontinuität der Forschung, die auch eine Bedingung der tieferen Durchdringung von Problemen ist?

Es ist erstaunlich, dass die Hochschulforschung sich bislang noch nicht systematisch für die Wechselbeziehungen zwischen der Entwicklung der Forschung, der Struktur der Lehre und der Dynamik des Arbeitsmarkts der Hochschulabsolventen interessiert hat. Bislang waren die Disziplinen diejenigen Organisationen, die die Wissensproduktion über ihre internen Mechanismen (selbstbezügliche Kommunikation, *peer review*, Zuweisung von Reputation) gesteuert haben. Inzwischen haben sie sich vielfältig intern differenziert. Z.T. haben sich aber auch neue Sub- oder Interdisziplinen etabliert. Bei der Abgrenzung der neuen Gegenstandsbereiche kommen inzwischen häufiger gesellschaftspolitische Kriterien und Wertbezüge zum Tragen; Umwelt, Klimawandel, Biodiversität sind Beispiele. Diese neuen Gebiete nehmen zwar auch den Charakter von Disziplinen an und steuern die Wissensentwicklung jeweils in Richtung einer größeren Spezialisierung. Sie unterliegen aber sehr viel stärker den Sinnesschwankungen ›externer‹ Klientelen: Parlamenten, staatlichen Verwaltungen, Interessengruppen, Bewegungen der Zivilgesellschaft, Medien.

Eine weitere neue Entwicklung vollzieht sich mit der Funktionsveränderung der Hochschulen. Waren sie früher vorwiegend auf die Reproduktion der Wissenschaft, der Professionen und des höheren Staatsbeamtentums beschränkt, bilden sie jetzt für einen sehr viel breiteres Segment des Arbeitsmarkts aus. Das dazu vermittelte Wissen wird nur noch z.T. von den Disziplinen bestimmt. Strukturen und Inhalte des Lehrangebots ergeben sich darüber hinaus aus einer Mischung von universitärer Profilierungskonkurrenz, wahrgenommener (nicht unbedingt tatsächlicher) Nachfrage nach Kompetenzen auf dem Arbeitsmarkt und internationalen Anpassungszwängen. Teilweise haben sich Berufsverbände von den Disziplinen ausdifferenziert, was die Bedeutung des Arbeitsmarktes aber auch dessen Unabhängigkeit gegenüber der Disziplinenentwicklung unterstreicht.

Bislang gibt es keine funktionalen Äquivalente für die Disziplinen, und es stellt sich die Frage, was an deren Stelle tritt, wenn sie wirklich in der vorausgesagten Weise ihre Funktion verlören. Ein mögliches Szenario ist: Wenn es keine ähnliche Instanz der Selbststeuerung gibt, wird sich die Wissensproduktion an externen Kriterien orientieren. Die ohnehin schon fragwürdig gewordene Unterscheidung zwischen Grundlagen- und angewandter Forschung und die institutionellen Arrangements ihrer Trennung und sequenziellen Abfolge werden dann hinfällig. An deren Stelle wird eine sehr viel stärker an Ad-hoc-Problemen orientierte Wissensproduktion treten. Sie wird dann aber auch anders gearteten Problemen der Zertifizierung durch kritische Gutachter unterliegen, und sie wird damit möglicherweise nicht mehr auf das Vertrauen setzen können, das sie bislang noch weitgehend hatte. Ein anderes Szenario, das sich aus der institutionellen Diversifizierung der Wissensproduktion und der damit einhergehenden Auflösung der Disziplinen ergibt, steht im Zusammenhang mit der Ökonomisierung und Politisierung der Wissenschaft, d.h. die zunehmende Interessenbindung der Forschung. Der Einsatz der Wissenschaft als Legitimationsinstrument im politischen Kontext hat unter anderem zu einem neuartigen Forschungskorporatismus geführt. Nichtregierungsorganisationen halten sich Netzwerke von Experten und politische Parteien greifen auf *think tanks* zurück, um ihre Positionen wissenschaftlich argumentativ zu unterstützen (vgl. Stone et al. 1998; Barker/Peters 1993). Ebenso mobilisiert die Industrie die Wissenschaft, sei es durch Adhoc-Aufträge, sei es in Gestalt eigener Forschungsinstitute, um im politischen Raum die eigenen Interessen zu verteidigen. Die in diesen Kontexten betriebene Forschung ist nicht neutral im Sinne der öffentlich finanzierten akademischen Forschung. Sie ist aber auch nicht unwissenschaftlich, sonst würde sie ihren Zweck als Grundlage politisch wirksamer Gegenexpertise verfehlen. Im Gegenteil zeigen Fallstudien, dass die interessengeleitete Forschung die Funktion haben kann, Schwachstellen in der etablierten Forschung aufzudecken und diese zur Korrektur zu zwingen (vgl. Proctor 1995: Kap. 5).

Optimisten könnten angesichts einer solchen Entwicklung, die zusätzlich durch die opportune Geheimhaltung oder strategische öffentliche Verwendung solchen Wissens geprägt ist, argumentieren, dass sich die wissenschaftliche Kommunikation nur auf einer anderen Ebene wiederum selbst organisieren, die interessengebundene Positionen sich gegenseitig neutralisieren und wechselseitig korrigieren würden. Anstelle einer Entdifferenzierung der Wissenschaft und des Verlusts ihrer funktionalen Autonomie ist auch denkbar, so Willke, dass »neue Formen der strukturellen Kopplung zwischen ›communities of practice‹ und ›scientific communities‹ im Zeichen einer pragmatischen Fundierung *jeden* Wissens« entstehen (Willke 2002: 14). Pessimistischere Beobachter würden dieses Aufgehen der Wissenschaft in politische und ökonomische Interessen als einen unwiederbringlichen Verlust ihrer Neutralität sehen, der durch das Ungleichgewicht der Ressourcen dramatisiert wird, die von Seiten der Wirtschaft, der Politik und verschiedener gesellschaftlicher Interessen für die Mobilisierung von Forschung aufgebracht werden können.

Diese Spekulationen, die sich jeweils an wenigen markanten Beispielen entfalten lassen, legen es nahe, die unterschiedlichen, an der Produktion von und der Nachfrage nach Wissen beteiligten Kräfte insgesamt in den Blick zu nehmen. Konkreter gesagt: Die relevanten Entwicklungen müssen auf ein Konzept der gesellschaftlichen *Wissensordnung* bezogen werden. Mit dem Begriff der Wissensordnung sind die gesellschaftlichen Arrangements der Produktion und Diffusion von Wissen gemeint, die über die Normierung und Zertifizierung die Glaubwürdigkeit und Verlässlichkeit von Wissensbeständen regulieren und über die Kreditierungen von Wissensakteuren (Experten) auch die Hierarchie von Wissensformen. In der Wissensordnung finden Auseinandersetzungen über die Verfügung von Wissen, über Definitionsmacht und über die Legitimität von Wissensansprüchen, kurz, über die Grenzen zwischen Wissenschaft und anderen Teilbereichen der Gesellschaft und deren Wissensformen statt. Die Wissensordnung einer Gesellschaft ist durch *Wissenspolitik* geprägt, auch wenn diese noch nicht als solche etabliert ist (vgl. Stehr 2003).

Die *Analyse der Veränderung der Wissensordnung* richtet sich folglich auf den *Zusammenhang* zwischen der neuen zentralen Position des Wissens in *politischen* und *ökonomischen* Kontexten und den *organisatorischen* und *epistemischen* Veränderungen der

Wissenschaft. Es bedarf kaum der besonderen Betonung, dass solche Veränderungen von außerordentlicher gesamtgesellschaftlicher Bedeutung sind.

Die Kategorie des ›Wissens‹ erhält also eine neue, gegenüber herkömmlichen Gesellschaftsbeschreibungen deutlich größere Bedeutung. Damit wird ein allgemeinerer Begriff von Wissen zum Bezugsrahmen. Der Blick richtet sich nicht mehr allein auf das Wissenschaftssystem, sondern auf die Rolle wissenschaftlichen Wissens in anderen Funktionssystemen und in Beziehung zu deren Kommunikationsweisen und Wissensformen. Diese Perspektive rückt die *Wissenschafts*soziologie näher an die *Wissens*soziologie heran. Dies ist jedoch nicht im Sinn der traditionellen wissenssoziologischen Fragestellung nach den gesellschaftlichen Bedingungen, z. B. Klasseninteressen, partikularistischer Wissenssysteme gemeint und auch nicht im Sinn der Wissenssoziologie wissenschaftlichen Wissens (SSK), die mit der Symmetrisierung aller Wissensformen zugleich behauptet, wissenschaftliches Wissen unterscheide sich nicht wesentlich von anderen Arten des Wissens. Wissens- und Wissenschaftssoziologie rücken vielmehr in dem Sinn näher zueinander, als sie zusammen zu einer umfassenderen *Theorie der Entwicklung und der wechselseitigen Beziehungen zwischen den Wissensformen in der Gesellschaft* beitragen können. Eine so verstandene Soziologie des Wissens fragt z. B. nach:

- den Produktionsweisen und -orten der unterschiedlichen Wissensformen,
- den unterschiedlichen Legitimierungsformen dieser Wissensarten,
- den gesellschaftlich etablierten epistemischen Ordnungen, die anzeigen, welche Art von Wissen glaubwürdig erscheint, welche Typen von Evidenz als verlässlich gelten,
- den Produzenten bzw. Urhebern des Wissens, ihren unterschiedlichen Ressourcen zur Produktion von Wissen,
- den machtpolitischen Konsequenzen der Kontrolle von Wissen,
- den Mechanismen der gesellschaftlichen Verteilung des Wissens (Wissenspolitik),

- den spezifischen Öffentlichkeiten, auf die hin Wissen produziert und denen gegenüber es legitimiert wird, sowie nach deren Widerstand und Rezeptivität gegenüber verschiedenen Wissensarten.

Die interessanten Fragen der Wissenschaftssoziologie stellen sich inzwischen also, wenn der Fokus nicht auf das wissenschaftliche Wissen eingeengt bleibt, sondern auf die Interferenzen dieses Wissens mit anderen Wissensformen erweitert wird. Diese Verschiebung des Analyserahmens mündet in die Kernfrage, ob die engen Kopplungen des Wissenschaftssystems mit den anderen Funktionssystemen zu einer Entdifferenzierung der Wissenschaft führen oder nicht. Eine mögliche Antwort ergibt sich über die kontrafaktische Frage »Wie sähe die Gesellschaft aus, in der wissenschaftliches Wissen seine Sonderstellung verloren hat?« Nach der hier vertretenen Auffassung sieht die Wissensgesellschaft komplexer aus. In ihr besteht epistemologisch besonderes Wissen neben anderen Wissensformen. Aber das epistemologisch privilegierte Wissen muss in praktischen Kontexten mit diesen Wissensformen konkurrieren. Die aus dieser Konkurrenz sich ergebenden Konstellationen – Ambivalenzen und Unsicherheiten im Bezug auf die Verlässlichkeit wissenschaftlichen Wissens, die Offenlegung von Nichtwissen, Auseinandersetzungen über Definitionsmacht und die Zuschreibung und Legitimität von Expertise – sind die Charakteristika der Wissensgesellschaft. Dies führt zu der Ausgangsfrage »Wie ist gesichertes Wissen in einer Gesellschaft möglich?« zurück. Die Wissenschaftssoziologie steht vor der neuen Frage »Wie ist gesichertes Wissen in der Wissensgesellschaft möglich?«

Anmerkungen

1 Das klassische Relativismusproblem der Wissenssoziologie besagt, dass sie durch die Behauptung der Interessenbindung allen Wissens auch diese Behauptung selbst in Frage stellt.

2 Eine Reihe von einführenden Büchern trägt deshalb auch Wissenschaftsforschung (*science studies*) im Titel. Einige betrachten das Gebiet jeweils aus einer etwas anderen disziplinären Perspektive, sollten aber zur Ergänzung der hier präsentierten soziologischen hinzugezogen werden: Felt et al. (1995); Hess (1997); Jasanoff et al. (1995); Biagioli (1999) und als ›amuse geul‹ für Fortgeschrittene Maasen/Winterhager (2001). Siehe weiterhin die übergreifenden Reviewartikel von Zuckerman (1988); Heintz (1993) und aus philosophischer Sicht von Bunge (1991/2). Eine neue Einführung in die Wissenschaftssoziologie, die interessant im Kontrast zu dieser zu lesen ist, stammt von Shinn/Ragouet (2003).

3 Seine Dissertation (1938/1970) stand noch im Zeichen der Diskussion über Max Webers Analyse des Zusammenhangs zwischen der protestantischen Ethik und dem Geist des Kapitalismus. Merton vollendete dessen unvollendet gebliebenen Plan, die Rolle des Protestantismus bei der Entstehung der neuen Wissenschaft aufzuklären. Er zeigte die *wechselseitigen* Beziehungen zwischen der Wissenschaft auf der einen und der Wirtschaft, dem Militär, der Religion auf der anderen Seite. Merton hatte mit seiner Analyse sowohl gegenüber einer rein ›idealistischen‹ als auch gegenüber einer vulgärmarxistisch materialistischen Interpretation Stellung bezogen und eine komplexere Verschränkung kultureller und materieller Bedingungen herausgearbeitet (vgl. Merton 1938/1970; Weber 1922a).

4 Diese Frage hatte für Merton allerdings auch einen aktuellen politischen Bezug: das Schicksal freier Wissenschaft unter den totalitären Regimen in Deutschland und der Sowjetunion. Merton nahm explizit zu der Situation der Wissenschaft unter dem Nationalsozialismus Stellung und argumentierte, dass die demokratische Gesellschaftsform die beste für das Gedeihen der Wissenschaft sei.

5 Ziman (2000: Kap. 3) ergänzt in einer reflektierten Diskussion das Ethos um die Norm der *Originalität*. Es fragt sich allerdings, ob Originalität nicht schon das Ergebnis des Zusammenspiels der Merton'schen Normen ist. Traweek (1988) verfolgt den gängigen Weg zu zeigen, dass sich Wissenschaftler nicht gemäß der Normen verhalten.

6 Zusammenfassend, allerdings nicht in allen Punkten treffend: Felt et al. 1995: 63; zur frühen Kritik vgl. Barnes/Dolby 1972.

7 Mertons Beschreibung des wissenschaftlichen Ethos hinsichtlich seiner das Verhalten von Wissenschaftlern motivierenden und determinierenden Wirkung ist viel unbestimmter, als es die Kritiken unterstellen; vgl. die sehr gute Analyse von Shapin 1988: 602, 604).

8 *Peer-review* ist das bei Entscheidungen über Veröffentlichungen oder über die Verteilung von Forschungsgeldern eingesetzte Instrument der Beurteilung durch Fachkollegen (s. Kap. 6 in diesem Band). Sie ist die institutionalisierte Form des ›organisierten Skeptizismus‹.

9 Dieser Vorgang wird ›Eponymie‹ genannt. Beispiele sind Ohms Gesetz, Plancks Konstante oder die Heisenberg'sche Unschärferelation.

10 Bruno Latour und Steven Woolgar (1979) haben dies später den ›Glaubwürdigkeitszyklus‹ (*credibility cycle*) genannt; s. Kap. 4 in diesem Band.

11 Zur Veranschaulichung: Auf 100 Autoren, die in einem gegebenen Zeitraum nur einen Artikel publizieren, kommen 25 mit zwei, 11 mit drei usw.; vgl. Price 1963: 42f.

12 ›Macht‹ würde in diesem Zusammenhang Definitionsgewalt bedeuten, die nicht dem offenen wissenschaftlichen Argument unterliegt.

13 Vgl. Margaret W. Rossiter zu dem von ihr analog zum ›Matthäus-Effekt‹ bezeichneten ›Matilda-Effect‹ (1993, 2003); ein ebenfalls feministisch inspirierter Forschungsstrang richtet sich auf die epistemologischen Gründe und Implikationen der Exklusion von Frauen; vgl. vor allem die Arbeiten von Evelyn Fox Keller, allen voran die Studie über Barbara McKlintock (1983) sowie Haraway (1989).

14 Dabei ist ungeklärt, ob der Wechsel der ›Definitionsmacht‹ von der Physik an die Biologie, der in den 1970er Jahren stattgefunden hat, eher dem öffentlichen Widerstand gegen die Kernkraft oder dem Vertrauen in die Versprechungen der Biotechnologie zu verdanken ist. Wahrscheinlich reichen die Ursachen tiefer. Die nationalen Wissenschaftspolitiken spielen selbstverständlich eine Rolle. Erklärungswürdig ist aber, dass sich die Entwicklung in allen Industrieländern ähnlich darstellt.

15 Zu Hierarchien in den Wissenschaften und Rolle von wissenschaftlichen *establishments* vgl. Elias et al. (1982), darin insbesondere den Beitrag von Yoxen.

16 Zum Zusammenhang zwischen wissenschaftssoziologischer Theorie und Indikatorenkonstruktion (vgl. Weingart/Winterhager 1984; Hornbostel 1997); zur quantitativen Untersuchung von Wissenschaft und Technik allgemein (vgl. van Raan 1988). Zur Geschichte der quantitativen Analyse von Wissenschaft (vgl. Godin 2002). Die einschlägige Zeitschrift, in der die Methoden diskutiert werden, ist *Scientometrics*.

17 Eine entscheidende Voraussetzung für den Umgang mit diesen Indikatoren ist das Vorhandensein entsprechender Daten. Für die bibliometrischen Indikatoren stehen diese in den großen Literaturdatenbanken zur Verfügung, allen voran der *Science Citation Index* (SCI) und der *Social Science Citation Index* (SSCI).

18 De Solla Price' Untersuchungen waren überschlägig, was bei den betrachteten Größenordnungen und dem langen Zeitraum aber nicht problematisch ist. Inzwischen sind die Berechnungen durch zahlreiche Einzeluntersuchungen, differenziert für bestimmte Disziplinen und für andere Indikatoren, präzisiert worden, ohne dass die Grundtendenz seiner Aussage revidiert werden musste.

19 Die Zahl der augenblicklich institutionalisierten Disziplinen oder Subdisziplinen bzw. Spezialgebiete variiert nahezu beliebig, je nachdem, welches Klassifikationssystem man verwendet. Verlässliche Angaben gibt es schon deshalb nicht, weil es keine konsentierte Definitionen der in Frage stehen-

den Einheiten gibt. Zur Illustration: Die *Deutsche Forschungsgemeinschaft* weist in ihrem Katalog 192 Fächer aus. Demgegenüber gibt es in Deutschland ungefähr 250 Fachgesellschaften.

20 Die Terminologie ist uneinheitlich und unpräzise. Die Unterscheidung in ›intern/extern‹ bezieht sich zunächst auf die von der Wissenschaftsphilosophie behandelten ›rationalen‹ Gründe wissenschaftlicher Argumentation vs. die von der Wissenschaftssoziologie untersuchten ›sozialen‹ Faktoren. In der Folge wurden aus den ›rationalen‹ Gründen ›inhaltliche‹, ›intellektuelle‹, ›kognitive‹ und schließlich ›epistemische‹.

21 Einen neueren Versuch, diese noch immer nicht beigelegte Polarisierung zu überwinden, unternimmt aus philosophischer Perspektive Longino (2002).

22 Zum Begriff und zur konsequenten Umsetzung vgl. De Mey (1982). Zur erstaunlichen Rezeptionsgeschichte von Thomas S. Kuhns Buch *The Structure of Scientific Revolutions* in verschiedenen Disziplinen vgl. Maasen/Weingart (2000) sowie Hoyningen-Huene (1989) zum Wandel der Kuhn'schen Position und Fuller (2000) zu Kuhns Langzeitwirkungen in der Diskussion über die sog. ›Science Wars‹.

23 Mit dieser These berief sich Kuhn auf eine entsprechende Äußerung Max Plancks, und es ist unschwer vorstellbar, warum das Buch seine enorme Popularität in den Jahren nach 1968, der Zeit der Studentenrevolte, erlangte.

24 Die Ungenauigkeit von Kuhns Paradigmenbegriff ist von vielen Kritikern kommentiert worden; vgl. zuerst Masterman (1970). Das Konzept ging auf die bis dahin weithin vergessene Arbeit von Ludwik Fleck (1935/1980) zurück. Fleck grenzte bestimmte ›Denkstile‹ ab und ordnete sie ›Denkkollektiven‹ zu.

25 Siehe die Beiträge in Whitley (1974) und Mendelsohn et al. (1977). Schon die Titel der Bände signalisieren die neue Programmatik.

26 Paradigmen werden durch die über sie kommunizierenden Gruppen definiert und diese durch die sie verbindenden Paradigmen.

27 Die radikal wissenssoziologische Rezeption Kuhns erfolgte vor allem durch englische Wissenschaftssoziologen. Zur Analyse dieser unterschiedlichen Rezeption in England und den USA vgl. Ben-David (1991).

28 Die ›postkuhnschen‹ Studien schlossen an vorangegangene Untersuchungen zur Entstehung von Spezialgebieten bzw. Disziplinen an, die ebenfalls soziale Faktoren, wie z. B. die Konkurrenz, für die Ausdifferenzierung neuer Gebiete verantwortlich machten. Am meisten beachtet unter diesen war die Studie zur Entstehung der Psychologie von Ben-David/Collins (1966).

29 Diese Strukturbildungen der wissenschaftlichen Kommunikationsbeziehungen lassen sich heute auch mit technischen Mitteln der bibliometrischen Ko-Zitationsanalyse nachweisen. Die Institutionalisierungsstrategien der beteiligten Wissenschaftler werden damit allerdings nicht sichtbar werden (s. Kap. 3 in diesem Band).

30 Ein in diesem Zusammenhang interessanter Befund ist, dass Kuhns ›Paradigmenwechsel‹ in vielen ausschließlich geistes- und sozialwissenschaftlichen Disziplinen programmatisch zur Verkündung neuer Positionen gewendet wurde, überall dort also, wo es Kuhn zufolge gar keine Paradigmen gibt; vgl. Maasen/Weingart (2000: Kap. 4).

31 In zahlreichen Fallstudien einzelner Wissenschaftler ist versucht worden, dem Geheimnis wissenschaftlicher Kreativität auf die Spur zu kommen. Inzwischen erkennen die vorwiegend psychologisch orientierten Kreativitätsforscher an, dass das Problem nur interdisziplinär zu lösen ist. Dennoch bleibt die Frage verengt: »Wie wird neues Wissen aus bereits bestehendem Wissen und Begriffen geschaffen?« (Miller 1996: 111) Die entsprechenden Forschungen werden im *Creativity Research Journal* publiziert.

32 Eine interessante Perspektive richtet sich auf besondere Organisationsformen von Forschungsinstituten oder Universitäten, die besonders innovative Ideen in der Forschung begünstigen; vgl. Hollingsworth/Hollingsworth (2000).

33 Richard Whitley setzt die intellektuelle (*intellectual*) Struk-

tur der sozialen gegenüber; siehe zum Wandel des Sprachgebrauchs Anmerkung 20 in diesem Band.

34 Z.B. ist die europäische Soziologie ein Gebiet mit hoher Aufgaben*unsicherheit*, die Hochernergiephysik dagegen ein Gebiet mit hoher Aufgaben*sicherheit*.

35 Zur systemtheoretischen Erklärung der Entwicklung und Differenzierung von Disziplinen siehe das maßgebliche Werk von Stichweh (1984); s. Kap. 3 in diesem Band.

36 Zur bewegten politischen und wissenschaftlichen Diskussion der Finalisierungsthese im Kontext der ›Nach-68er‹-Jahre vgl. Schäfer (1983).

37 Zu einer moderneren wissenschaftspolitischen Diskussion der Probleme der strategischen Orientierung der Forschung und der historischen Bedingungen der Veränderung der Wissenschaftskonzeptionen vgl. Stokes (1997).

38 Die Hauptkontrahenten dieser vorrangig in England geführten Diskussion waren John D. Bernal (1939; 1954) und Michael Polanyi (1946/1964). Die Geschichte dieser ersten *science wars*, die den Hintergrund für das Verständnis der Entwicklung der Wissenschaftssoziologie bis in die 1970er Jahre bildete, findet sich in Werskey (1978). Eine kurze frühere Diskussion findet sich in einem der bedeutenderen Werke aus der Merton-Schule: Barber (1952: 232ff.).

39 Man kann »der Aussage [...] 2 mal 2 nicht ansehen [...], durch wen und wann und wo sie so formuliert wurde«. Allerdings würde man auch bei der Wissenschaft mit der von ihm sog. »Seinsverbundenheit als Konstituenz zu rechnen haben« (Mannheim 1929/1952: 234, 262).

40 Der Gegensatz, der gegenüber der Wissenschaftsphilosophie Poppers, stellvertretend für den Kritischen Rationalismus bzw. den Logischen Empirismus der Wiener Schule, von den ›Anti-Positivisten‹ aufgemacht wurde, unterstellte eine Einheitlichkeit der Auffassungen auf beiden Seiten und eine Radikalität des Bruchs, die die tatsächlichen Positionen der verschiedenen Autoren nicht angemessen wiedergab; vgl. Andersson (1988) und speziell zu Kuhn Hoyningen-Huene (1989).

41 Die Duhem-Quine-These besagt, dass in der Wissenschaft

häufig empirisch äquivalente theoretische Alternativen vorkommen. In solchen Fällen ist die Entscheidung zwischen den Theorien offenbar nicht auf empirische Gründe zu stützen. Die vergleichende Beurteilung der Theorien wird dann durch nichtempirische Standards bestimmt. Darin sind sich alle drei Autoren einig. Für Kuhn bedeutet Unterbestimmtheit, dass zwei auf der begrifflichen Ebene unverträgliche Konzeptionen zwar verschiedene Konsequenzen haben, aber diese keinen klaren Qualitätsvergleich erlauben. Beide Theorien besitzen z. B. nicht den gleichen Anwendungsbereich, sie haben ihre Stärken in unterschiedlichen Feldern, leiden beide unter Anomalien etc. Die Gesamtheit der empirischen Erfolge und Misserfolge führt zu dem Urteil, dass keine Theorie klar besser abschneidet, und deshalb ist die Theoriewahlentscheidung durch Logik und Erfahrung unterbestimmt (Diesen Hinweis verdanke ich Martin Carrier).

42 In der populären Kultur (Literatur und Film) sind das ›geheime Labor‹ und der in ihm arbeitende *mad scientist* vom Typ der Alchemisten wirkmächtige Topoi und spiegeln das Misstrauen der Gesellschaft gegenüber dem undurchschaubaren Tun der Laborwissenschaft ebenso wie die Furcht vor dem daraus entstehenden Wissen und den Motiven der Wissenschaftler wider (vgl. Haynes 1994; Weingart 2002).

43 Weitere bekannte Laborstudien sind Traweek (1988) und Knorr-Cetina (1999).

44 Die weitreichenden epistemologischen Ansprüche der genannten Art, die der Laborkonstruktivismus vorbringt, geben Anlass zu der gegenüber allen relativistischen Ansätzen üblichen Kritik: Gerade die vermeintlich theoriefreien Laborstudien *konstruieren* selbstverständlich ihren Gegenstand aufgrund einer ganzen Reihe von Vorannahmen: Warum die Wahl des Labors? Wo verlaufen dessen Grenzen? Welche Personen gehören dazu? usw. Überdies folgen sie dem empiristischen Wissenschaftsmodell der Naturwissenschaften (vgl. Knorr-Cetina 1981: 152). Traweek (1988) verfolgt dagegen eine weniger angreifbare Strategie und geht explizit auf ihre theoretischen Annahmen ein.

45 Zur detaillierten theoretischen und methodischen Kritik vgl. Hasse et al. (1994).

46 Der Begriff des *seamless web* ist von Thomas Hughes für die die Technikentwicklung bestimmenden Faktoren in ähnlicher Weise eingeführt worden (vgl. Hughes 1986).

47 Latour fasst »people able to talk« und »things unable to talk« unter dem Begriff der *Aktanten* zusammen als »whoever and whatever is represented« (vgl. Latour 1987: 83f.). Der Begriff ›Aktanten‹ kommt aus der Semiotik.

48 Zur Diskussion der Entwicklung der ANT und der Verteidigung gegen Einwände vgl. Law/Hassard (1999).

49 Vgl. auch Latours programmatische Arbeit zur symmetrischen Anthropologie (1995a).

50 Vgl. dazu insbesondere die Arbeiten von Winner (1986), Joerges (1996) und die Beiträge in Weingart (1989).

51 Das ist die Grundfrage der Wissenssoziologie von Berger/Luckmann (1967).

52 Die ›Praxisorientierung‹ dieses Typs von Analysen haben auch das Interesse am Einfluss der wissenschaftlichen Instrumente generell geweckt. Über sie lässt sich die Rolle der Technikentwicklung, nicht zuletzt auch im Kontext der Industrie, für die Wissenschaftsentwicklung näher bestimmen (vgl. Joerges/Shinn 2001).

53 Die ›Innenanalysen‹ dieses Prozesses liefern gerade den Beleg dafür.

54 Vgl. die bekannten Untersuchungen zu den verschiedenen Steuerungs- und Zensurversuchen autoritärer Staaten, z. B. in der Physik, Chemie und Biologie im Nationalsozialismus (vgl. Beyerchen 1982; Weingart/Kroll/Bayertz 1988) und in der Genetik in der Sowjetunion (vgl. Graham 1981). Es gilt selbst für diese politischen Systeme, von den modernen Massendemokratien ganz abgesehen, dass sie sich die legitimatorische Kraft ›gesicherten Wissens‹ sichern wollen. Wenn nicht die entsprechenden Staatsideologien von vornherein als ›wissenschaftlich‹ deklariert werden (Marxismus-Leninismus), wird zumindest Sorgfalt auf die Explikation des Verhältnisses zwischen Ideologie und Wissenschaft verwandt (Nationalsozialismus).

55 In ähnlicher Weise lassen sich Makro- und Mikrotheorien gegenüberstellen.

56 Zur Kennzeichnung des Wissenschaftssystems als ausdifferenziertes Funktionssystem (vgl. Luhmann 1990: Kap. 9).

57 Die Besonderheiten der Wissenschaft als ›Profession‹ macht Fuchs (1992) zur Grundlage einer ambitionierten ›Sozialen Theorie der Wissenschaft und des Wissens‹, die organisationssoziologische und mikrosoziologische Theoriestränge verbindet.

58 Das Interesse an den Grenzen der Wissenschaft zu anderen Institutionen, Organisationen oder sozialen Systemem wird von verschiedenen Autoren je nach theoretischer Orientierung ganz unterschiedlich thematisiert. Star und Griesemer (1989) wählen den Ansatz der *institutional ecology* in der Analyse der Gründung und Entwicklung eines Museums. Ihr zentraler Begriff ist das *boundary object*, die sich einerseits durch Anpassung an lokale Bedingungen, andererseits durch eine diese transzendierende Identität auszeichnen. Ähnlichkeiten zu Latour sind unübersehbar. Gieryn (1999) analysiert die ›kulturellen Grenzen‹ der Wissenschaft und ihre Veränderungen und verbindet dabei eine institutionalistische und eine kultursoziologische Perspektive. Zentraler Begriff ist das *boundary work*, das Interesse gilt der Sonderstellung der Wissenschaft und der Glaubwürdigkeit wissenschaftlichen Wissens. Galison (1997) zielt mit seinem Konzept der *trading zones* ebenfalls auf die Parallelität von Kooperation und Differenz ab.

59 Für Deutschland vgl. Murswieck (1994); für Europa Peters/Barker (1993).

60 Das Auseinanderklaffen von Anspruch und Wirklichkeit wird u.a. auch in Analysen der verschiedenen Funktionen der wissenschaftlichen Beratung für die Politik dokumentiert; vgl. z.B. Renn (1995).

61 Eine Einführung in die hier nicht weiter verfolgte sozialwissenschaftliche Risikodiskussion bietet die Aufsatzsammlung in Krohn/Krücken (1993). Zur Beziehung zwischen Formen der Risikoregulierung und politischer Kultur (vgl. Jasanoff 1986).

62 In der griechischen Sage hatte Kassandra die Gabe der Prophezeihungen, denen aber kein Glaube geschenkt wurde. Mit dem ›negativen Kassandra-Syndrom‹ wird die Situation bezeichnet, dass vorgeblich falschen Prophezeihungen der Wissenschaftler sofort geglaubt wird.

63 Eine vergleichende Untersuchung umweltpolitischer Beratungssysteme in Deutschland und den USA liefert die Dissertation von Heinrichs (2002). Heinrichs Studie gibt auch einen sehr guten Überblick über die Vielfalt von Beratungsformen.

64 Zu einer gesellschafts- und politiktheoretischen Behandlung des Expertenproblems vgl. Turner (2003) sowie als Problem des gesellschaftlichen Umgangs mit Wissen vgl. Stehr (2000).

65 Sie wird seit Beginn des Jahrhunderts vor allem in den USA und in England betrieben, spielt aber insgesamt eine untergeordnete Rolle (vgl. Etzkowitz et al. 1998: 11). Etzkowitz (1994) gibt einen ausführlichen Überblick über die Entwicklung der Patente als Gegenstand universitärer Sicherung intellektueller Eigentumsrechte in den USA.

66 Einen umfassenden Überblick über Transfermodelle gibt Bozeman (2000). Dort wird deutlich, dass es keinen einheitlichen Begriff von Transfer gibt. Eine vergleichende Untersuchung der Technologietransfersysteme in Deutschland und den USA liefern Abramson et al. (1997).

67 Zur Veränderung der Universität in historischer Perspektive vgl. Rothblatt/Wittrock (1993), insbesondere den Beitrag von Wittrock.

68 Chalk (1985) gibt einen Überblick über die Ergebnisse einer von der *American Association for the Advancement of Science* eingesetzten Arbeitsgruppe zu Fragen der Geheimhaltung. Chubin und Hackett (1990) diskutieren vor dem gleichen Hintergrund die Folgen der Wissenschaft ohne Kontrolle durch *peers*.

69 Eine Geschichte der Popularisierung muss deshalb beide Seiten im Blick haben und bildet eine wichtige Grundlage für soziologische Analysen des Verhältnisses zwischen Wissenschaft und Öffentlichkeit; vgl. dazu Daum (1998) und zum

›Strukturwandel der Öffentlichkeit‹ Habermas (1962) sowie Thompson (1995).

70 Irwin und Wynne (1996) haben in einer Textsammlung die Sicht der Öffentlichkeit als Kritik an dem ›Defizitmodell‹ und dem wissenschaftsbezogenen *Public Understanding of Science* repräsentiert.

71 Zwei sehr informative Aufsatzsammlungen, die einen Überblick über die PUS-Diskussion geben, sind Gregory/Miller (1998) und Dierkes/von Grote (2000). Die Titel sind für die Trendwende in der Diskussion bezeichnend.

72 Siehe z.B. LaFollette (1990) zu Printmedien, Haynes (1994) zu Literatur und Weingart (2002) zu Spielfilmen.

73 Vgl. Shinn/Whitley (1985), der wichtige Beiträge zu den wechselseitigen Bezügen der Wissenschaft und der Öffentlichkeit aufeinander enthält und als Standardwerk betrachtet werden kann.

74 Wie für die Politik gilt auch für die Medien, dass die Kommunikation von Unsicherheit ein besonderes Problem darstellt. Angesichts der steigenden Häufigkeit wissenschaftsbezogener öffentlicher Kontroversen und des Bezugs auf (noch) unsicheres Wissen wird die Kommunikation von Unsicherheit und Nichtwissen jedoch immer wichtiger; vgl. dazu die instruktive Textsammlung von Friedman/Dunwoody/Rogers 1999.

75 Dies war Gegenstand der Kapitel 2 bis 5 dieses Bandes.

76 Der Titel *The Disunity of Science: Boundaries, Contexts and Power* von Galison/Stump (1996) ist durchaus programmatisch zu verstehen, insofern er sich gegen das philosophische Programm der *unity of science* von Otto Neurath (1881-1945) und Rudolf Carnap (1891-1970) richtet. Whitleys Arbeit (1984) hat bereits in unübertroffener Detailgenauigkeit die epistemischen und organisatorischen Unterschiede zwischen einzelnen Disziplinen beschrieben. Ungeachtet dessen beansprucht Knorr-Cetina, einen ›ersten Versuch‹ geliefert zu haben, die »Nicht-Einheit zeitgenössischer Naturwissenschaften [...] aufzuklären« (Knorr-Cetina 2002: 15).

77 Dieser Orientierung sind die Kapitel 6 bis 9 dieses Bandes gewidmet.

78 Lepenies (1985) hat diese Unterscheidung aufgenommen und durch die ›dritte Kultur‹ der Soziologie ergänzt, die er *zwischen* Literatur und Wissenschaft ansiedelt. In einer umfassenden Enquête der Geisteswissenschaften in Deutschland sind die Sozialwissenschaften (Soziologie, Ökonomie, Psychologie) ausdrücklich ausgenommen worden, darin kommt deren Ausdifferenzierung gegenüber den Geisteswissenschaften zum Ausdruck (vgl. Weingart et al. 1991). Die Geisteswissenschaften verstehen sich immer mehr als *Kulturwissenschaften*, im Englischen firmieren sie als *humanities* und kommen gar nicht erst in den Verdacht, *Wissenschaften* zu sein.

79 »An epistemic community is a network of professionals with recognized expertise and competence in a particular domain and an authoritative claim to policy-relevant knowledge within that domain or issue-area« (Haas 1992: 3).

80 Hier rächt sich vielleicht, dass die Autorin den Eindruck erweckt, den Begriff völlig neu geprägt zu haben (vgl. Haas 1992: 337). Ein Hinweis auf Vorläufer, der hätte helfen können, die Definition zu präzisieren, fehlt.

81 Hess (1997: Kap. 5) gibt einen kurzen Überblick über die *cultural studies* mit Bezug auf Wissenschaft und Technik.

82 Letztlich handelt es sich um das alte gesellschaftstheoretische Problem des Verhältnisses von materiellen und ideellen bzw. sozialen und kognitiven Strukturen, das von Marx und Engels über Weber und Scheler bis zu Mannheim die Formulierungen von Gesellschaftstheorie bestimmt hat. Zum Zusammenhang mit der Wissenschaftssoziologie vgl. Weingart (1976).

83 Der Leser des Artikels von Collins/Evans sieht sich zwar mit neuen Schlagworten (*Third Wave*) und neuen Akronymen (SEE = *Studies of Expertise and Experience*) konfrontiert, eine etwas merkwürdig anmutende Schrulle des Fachs. Beide Autoren stellen aber wieder ›dieselbe Art von Frage‹ wie Merton (sic!), was nämlich das Besondere an wissenschaftlichem Wissen sei (242).

84 In diesem Zusammenhang muss auch die Diskussion um sog. indigenes Wissen gesehen werden, um die Expertisen

zumeist von Bauern in den Entwicklungsländern die ökologischen Bedingungen ihrer Landwirtschaft oder die besonderen Heilkräfte von Pflanzen ihrer Region betreffend. Die weltweite Aufmerksamkeit für ›indigenes Wissen‹ verdankt sich zum einen Motiven der postkolonialen Anerkennung der Kultur marginalisierter Länder und ihrer Bevölkerungen, zum anderen dem massiven Interesse der internationalen Pharmakonzerne, die dieses Wissen ökonomisch instrumentalisieren wollen.

85 Shinn zeigt dies in seinem Kommentar u.a. an der Rezeption der *Mode-2*-These, die alle Eigenschaften einer Modeerscheinung aufweist (vgl. Shinn 2002).

86 Zu einer detaillierteren Diskussion der involvierten Differenzen und sich ergebender Forschungsfragen vgl. Maasen (1999: 59ff.).

Literatur

ABRAMSON, H. NORMAN/EINCARNACAO, JOSÉ/PROCTOR, P. REID/ SCHMOCH, ULRICH (Hg.) (1997): *Technology Transfer Systems in the United States and Germany*, Washington: National Academy Press.

AMANN, KLAUS (1994): »Menschen, Mäuse und Fliegen. Eine wissenssoziologische Analyse der Transformation von Organismen in epistemische Objekte«. *Zeitschrift für Soziologie* 23/1, S. 22-40.

ANDERSSON, GUNNAR (1988): *Kritik und Wissenschaftsgeschichte. Kuhns, Lakatos' und Feyerabends Kritik des Kritischen Rationalismus*, Tübingen: Mohr.

BACK, KURT W. (1995): »Frankenstein and Brave New World: Two Cautionary Myths on the Boundaries of Science«. *History of European Ideas* 20/1-3, S. 327-332.

BARBER, BERNARD (1952): *Science and the Social Order*, London: George Allen & Unwin.

BARBER, BERNARD (1972): »Der Widerstand von Wissenschaftlern gegen wissenschaftliche Entdeckungen«. In: WEINGART (Hg.), S. 205-221; engl. (1962): »Resistance by Scientists to Scientific Discovery«. In: BERNARD BARBER/WALTER HIRSCH (Hg.), *Sociology of Science*, New York: Free Press, S. 596-602.

BARKER, ANTHONY/PETERS, B. GUY (Hg.) (1993): *The Politics of Expert Advice. Creating, Using and Manipulating Scientific Knowledge for Public Policy*, Pittsburgh: University of Pittsburgh Press.

BARNES, BARRY/DOLBY, ROBERT G. A. (1972): »Das wissenschaftliche Ethos: ein abweichender Standpunkt«. In: WEINGART (HG.), S. 263-286; engl. (1970): »The Scientific Ethos: A Deviant Viewpoint«. *Archives Européennes de Sociologie* XI, S. 3-25.

BARNES, BARRY/MACKENZIE, DONALD (1979): »On the Role of Interests in Scientific Change«. In: ROY WALLIS (Hg.), *On the Margins of Science: The Social Construction of Rejected Knowledge*, Keele: University of Keele Press, S. 41-66.

BECHMANN, GOTTHARD/GLOEDE, FRITZ (1986): »Sozialverträglichkeit – eine neue Strategie der Verwissenschaftlichung von

Politik?«. In: HELMUT JUNGERMANN ET AL. (Hg.), *Die Analyse der Sozialverträglichkeit für Technologiepolitik*, München: High-Tech-Verlag, S. 36-51.

BELL, DANIEL (1960): *The End of Ideology*, Glencoe: The Free Press.

BEN-DAVID, JOSEPH (1991): »The Emergence of National Traditions in the Sociology of Science 1920-1970«. In: DERS.: *Scientific Growth. Essays on the Social. Organization and Ethos of Science*, hg. von Gad Freudenthal, Berkeley: University of California Press, S. 435-450.

BEN-DAVID, JOSEPH/COLLINS, RANDALL (1966): »Social Factors in the Origins of a New Science: The Case of Psychology«. *American Sociological Review* 31, S. 451-465; dt.: »Soziale Faktoren im Ursprung einer neuen Wissenschaft: der Fall der Psychologie«. In: WEINGART (Hg.) (1974), S. 122-152.

BERGER, PETER L./LUCKMANN, THOMAS (1967): *The Social Construction of Reality*, Harmondsworth: Penguin.

BERNAL, JOHN D. (1939): *The Social Function of Science*, London: Routledge & Kegan Paul: Cambridge: MIT Press.

BERNAL, JOHN D. (1954) *Science in History*, London: Watts & Co.

BEYERCHEN, ALAN D. (1982): *Wissenschaftler unter Hitler. Physiker im Dritten Reich*, Berlin, Wien: Ullstein.

BIAGIOLI, MARIO (Hg.) (1999): *The Science Studies Reader*, New York: Routledge.

BLOOR, DAVID (1976): *Knowledge and Social Imagery*, London: Routledge & Kegan Paul.

BÖHME, GERNOT/VAN DEN DAELE, WOLFGANG/KROHN, WOLFGANG (1976): »Die Finalisierung der Wissenschaft«. *Zeitschrift für Soziologie* 2/2, S. 128-144.

BORKENAU, FRANZ (1934): Der Übergang vom feudalen zum bürgerlichen Weltbild, *Schriften des Instituts für Sozialforschung*, Bd. 4, Paris: Libraire Félix Alcan.

BOURDIEU, PIERRE (1975): »The Specificity of the Scientific Field and the Social Conditions of the Progress of Reason«. *Social Science Information* 14/6, S. 19-47.

BOURDIEU, PIERRE (1998): *Vom Gebrauch der Wissenschaft. Für eine klinische Soziologie des wissenschaftlichen Feldes*, Konstanz: Universitätsverlag.

BOZEMAN, BARRY (2000): »Technology Transfer and Public Policy: A Review of Research and Theory«. *Research Policy* 29/4-5, S. 627-655.

BRICKMAN, RONALD/JASANOFF, SHEILA/ILGEN, THOMAS (1985): *Controlling Chemicals: The Politics of Regulation in Europe and the United States*, Ithaca: Cornell University Press.

BROWN, MARC/GROSS, MATTHIAS (2002): »Eine neue Gesellschaft? Von Kollektiven, Assoziationen und der Repräsentation des Nichtmenschlichen«. *Soziologische Revue* 25, S. 380-394.

BUCCHI, MASSIMIANO (1996): »When Scientists Turn to the Public: Alternative Routes in Science Communication«. *Public Understanding of Science* 5, S. 375-394.

BUCHWALD, JED Z. (Hg.) (1995): *Scientific Practice: Theories and Stories of Doing Physics*, Chicago: University of Chicago Press.

BUNDERS, JOSKE/WHITLEY, RICHARD (1985): »Popularisation within the Sciences: The Purposes and Consequences of Inter-Specialist Communication«. In: SHINN/WHITLEY (Hg.), S. 61-77.

BUNGE, MARIO (1991): »A Critical Examination of the New Sociology of Science Part 1«. *Philosophy of the Social Sciences* 21/4, S. 524-560.

BUNGE, MARIO (1992): »A Critical Examination of the New Sociology of Science Part 2«. *Philosophy of the Social Sciences* 22/1, S. 46-76.

CALLON, MICHEL (1986): »Some Elements of a Sociology of Translation: Domestication of the Scallops and the Fishermen of St. Brieuc Bay«. In: JOHN LAW (Hg.), *Power, Action and Belief. A New Sociology of Knowledge?*, London: Routledge & Kegan Paul, S. 196-233.

CHALK, ROSEMARY (1985): »Overview: AAAS Project on Openness and Secrecy in Science and Technology«. *Science, Technology & Human Values* 10/2, S. 28-35.

CHUBIN, DARYL/HACKETT, EDWARD (1990): *Peerless Science. Peer Review and U.S. Science Policy*, New York: State University of New York Press.

CHUBIN, DARYL/JASANOFF, SHEILA (1985): »Peer Review and Public Policy«. *Science, Technology & Human Values* 10/3, S. 3-5.

CICCHETTI, DOMENIC V. (1991): »The reliability of peer review for manuscript and grant submissions: A cross-disciplinary investigation«. *The Behavioral and Brain Sciences* 14, S. 119-135.

COLE, STEVEN (1972): »Wissenschaftliches Ansehen und die Anerkennung wissenschaftlicher Leistungen«. In: WEINGART (Hg.), S. 165-187; engl. (1970): »Professional Standing and the Reception of Scientific Discoveries«. *American Journal of Sociology* 76, S. 286-306.

COLE, JONATHAN R./COLE, STEVEN (1973): *Social Stratification in Science,* Chicago: University Press.

COLE, STEVEN/COLE, JONATHAN R./SIMON, GARY A. (1981): »Chance and Consensus in Peer Review«. *Science* 214, 20. November, S. 881-886.

COLE, STEVEN/SIMON, GARY A./COLE, JONATHAN R. (1988): »Do Journal Rejection Rates Index Consensus?«. *American Sociological Review* 53/1, S. 152-156.

COLLINS, HARRY (1975): »The Seven Sexes: A Study in the Sociology of a Phenomenon, or the Replication of Experiments in Physics«. *Sociology* 9/2, S. 205-224.

COLLINS, HARRY (1981): »Son of Seven Sexes: The Social Destruction of a Physical Phenomenon«. *Social Studies of Science* 11/1, S. 33-62.

COLLINS, HARRY (1983): »An Empirical Relativist Programme in the Sociology of Scientific Knowledge«. In: KNORR-CETINA/MULKAY (Hg.), S. 85-113.

COLLINS, HARRY (1985): *Changing Order. Replication and Induction in Scientific Practice,* London: Sage.

COLLINS, HARRY/EVANS, ROBERT (2002): »The Third Wave of Science Studies: Studies of Expertise and Experience«. *Social Studies of Science* 32/2, S. 235-296.

COTGROVE, STEPHEN/BOX, STEVEN (1970): *Science, Industry and Society,* London: Allen & Unwin.

DASTON, LORRAINE (1995): »The Moral Economy of Science«. *Osiris* 10, S. 3-24.

DAUM, ANDREAS (1998): *Wissenschaftspopularisierung im 19. Jahrhundert,* München: Oldenbourg.

DE MAY, MARC (1982): *The Cognitive Paradigm,* Dordrecht: Reidel.

DIERKES, MEINOLF/VON GROTE, CLAUDIA (Hg.) (2000): *Between*

Understanding and Trust. The Public, Science and Technology, Amsterdam: Harwood Academic Publishers.

DURANT, JOHN/EVANS, GEOFFREY A./THOMAS, GEOFFREY P. (1989): »The Public Understanding of Science«. *Nature* 340, 6. Juli, S. 11-14.

EDGE, DAVID/MULKAY, MICHAEL (1976): *Astronomy Transformed. The Emergence of Radio Astronomy in Britain*, New York, London, Sydney, Toronto: John Wiley & Sons.

ELIAS, NORBERT/MARTINS, HERMINIO/WHITLEY, RICHARD (Hg.) (1982): *Scientific Establishments and Hierarchies*, Yearbook Sociology of the Sciences, Dordrecht: Reidel.

ETZKOWITZ, HENRY (1989): »Entrepreneurial Science in the Academy: A Case of the Transformation of Norms«. *Social Problems* 36/1, S. 14-29.

ETZKOWITZ, HENRY (1994): »Knowledge as Property: The Massachussetts Institute of Technology and the Debate over Academic Patent Policy«. *Minerva* XXXII/4, S. 383-421.

ETZKOWITZ, HENRY/LEYDESDORFF, LOET (Hg.) (1997): *Universities and the Global Knowledge Economy. A Triple Helix of University-Industry-Government Relations*, London, Washington: Pinter.

ETZKOWITZ, HENRY/WEBSTER, ANDREW (1995): »Science as Intellectual Property«. In: SHEILA JASANOFF ET AL., (Hg.), *Handbook of Science and Technology Studies*, Thousand Oaks, London, New Delhi: Sage, S. 480-505.

ETZKOWITZ, HENRY/WEBSTER, ANDREW/HEALEY, PETER (Hg.) (1998): *Capitalizing Knowledge, New Intersections of Industry and Academia*, Stony Brook: State University of New York Press.

EUROPEAN UNION WHITE PAPER ON GOVERNANCE (2002): *Broadening and Enrichung Public Debate on European Matters. Report of the Working Group on Democratising Expertise and Establishing Scientific Reference Systems:* www.cordis.lu/rtd2002/ *science-society/governance.htm.*

EZRAHI, YARON (1990): *The Descent of Icarus*, Cambridge: Harvard University Press.

FELT, ULRIKE/NOWOTNY, HELGA/TASCHWER, KLAUS (1995): *Wissenschaftsforschung. Eine Einführung*, Frankfurt/M.: Campus.

FEYERABEND, PAUL (1975): *Against Method*, London: NLB.

FLECK, LUDWIK (1935/1980): *Entstehung und Entwicklung einer wissenschaftlichen Tatsache*, Frankfurt/M.: Suhrkamp.

FORMAN, PAUL (1971): »Weimar culture, causality, and quantum theory, 1918-1927: Adaption by German Physicists and Mathematicians to a Hostile Intellectual Environment«. *Historical Studies of the Physical Sciences* 3, S. 1-115.

FRIEDMAN, SHARON M./DUNWOODY, SHARON/ROGERS, CAROL L. (Hg.) (1999): *Communicating Uncertainty: Media Coverage of New and Controversial Science*, Mahwah: Lawrence Erlbaum.

FUCHS, STEPHAN (1992): *The Professional Quest for Truth. A Social Theory of Science and Knowledge*, Albany: State University of New York Press.

FULLER, STEVE (2000): *Thomas Kuhn. A Philosophical History for Our Times*, Chicago: Chicago University Press.

FUNTOWICZ, SILVIO O./RAVETZ, JEROME R. (1990): *Uncertainty and Quality in Science for Policy*, Dordrecht: Kluwer Academic Publishers.

FUNTOWICZ, SILVIO O./RAVETZ, JEROME R. (1993): »The Emergence of Post-Normal Science«. In: RENÉ VON SCHOMBERG (Hg.), *Science, Politics and Morality. Scientific Uncertainty and Decision Making*, Dordrecht: Kluwer Academic Publishers, S. 85-123.

GALISON, PETER (1997): *Image and Logic: A Material Culture of Microphysics*, Chicago: The University of Chicago Presse.

GALISON, PETER/STUMP, DAVID (Hg.) (1996): *The Disunity of Science: Boundaries, Contexts, and Power*, Stanford: Stanford University Press.

GARFIELD, EUGENE (1989): »Citation Behavior – An Aid or a Hindrance to Information Retrieval«, *Current Contents* 18, S. 3-8.

GIBBONS, MICHAEL ET AL. (1994): *The New Production of Scientific Knowledge*, London: Sage.

GIBBONS, MICHAEL/WITTROCK, BJÖRN (Hg.) (1985): *Science as a Commodity. Threats to the Open Community of Scholars*, Harlow, Essex: Longman.

GIBBS, W. WAYT (1995): »Lost Science in the Third World«. *Scientific American* 273/4, S. 76-83.

GIERYN, THOMAS F. (1999): *Cultural Boundaries of Science. Credibility on the Line*, Chicago, London: Chicago University Press.

GILL, BERNHARD/BIZER, JOHANN/ROLLER, GERHARD (1998): *Riskante Forschung. Zum Umgang mit Ungewissheit am Beispiel der Genforschung in Deutschland*, Berlin: Edition Sigma.

GINGRAS, YVES (1995): »Following Scientists through Society? Yes, but at Arms Length!«. In: BUCHWALD (Hg.), S. 123-148.

GODIN, BENOÎT (2002): »Outline for a History of Science Measurement«. *Science, Technology, and Human Values* 27/1, S. 3-27.

GOMART, EMILIE/HENNION, ANTOINE (1999): »A Sociology of Attachment: Music ›Amateurs‹ Drug Users«. In: LAW/HASSARD (Hg.), S. 220-247.

GOODELL, RAY (1977): *The Visible Scientist*, Boston, Toronto: Little Brown.

GRAHAM, LOREN (1981): *Between Science and Values*, New York. Columbia University Press.

GREEN, JEREMY (1985): »Media Sensationalisation and Science: The Case of the Criminal Chromosome«. In: SHINN/WHITLEY (Hg.), S. 139-161.

GREGORY, JANE/MILLER, STEVE (Hg.) (1998): *Science in Public. Communication, Culture, and Credibility*, New York: Plenum Press.

GRIFFITH, BELVER/MULLINS, NICOLAS (1974): »Kohärente soziale Gruppen im wissenschaftlichen Wandel«. In: WEINGART (Hg.), S. 223-238; engl. (1972): »Coherent Social Groups in Scientific Change«. *Science* 177/4053, S. 959-964.

GROSSMANN, HENRYK (1935): »Die gesellschaftlichen Grundlagen der mechanistischen Philosophie und die Manufactur«. *Zeitschrift für Sozialforschung* 4/2, S. 161-231.

GRUNDMANN, REINER (1999): *Transnationale Umweltpolitik zum Schutz der Ozonschicht. USA und Deutschland im Vergleich*, Frankfurt/M.: Campus.

GUSTON, DAVID H./KENNISTON, KEN (Hg.) (1994): *The Fragile Contract*, Cambridge: MIT Press.

HAAS, PETER M. (1992): »Introduction: Epistemic Communities and International Policy Coordination«. *International Organization* 46/1, S. 1-35.

HABERMAS, JÜRGEN (1962): *Strukturwandel der Öffentlichkeit*, Neuwied: Luchterhand.

HABERMAS, JÜRGEN (1966): »Verwissenschaftlichte Politik in demokratischer Gesellschaft«. In: HELMUT KRAUCH/WERNER KUNZ/HORST W. RITTEL (Hg.), *Forschungsplanung*, München, Wien: Oldenbourg, S. 130-144.

HACKING, IAN (1992): »The Self-Vindication of the Laboratory Sciences«. In: ANDREW PICKERING (Hg.), *Science as Practice and as Culture*, Chicago: University of Chicago Press, S. 29-64.

HARAWAY, DONNA (1989): *Primate Visions: Gender, Race, and Nature in the World of Modern Science*, New York: Routledge.

HARGENS, LOWELL (1988): »Scholarly Consensus and Journal Rejection Rates«. *American Sociological Review* 53/1, S. 157-160.

HARWOOD, JONATHAN (1993): *Styles of Scientific Thought. The German Genetics Community 1900-1933*, Chicago: University of Chicago Press.

HASSE, RAIMUND (1996): *Organisierte Forschung. Arbeitsteilung, Wettbewerb und Networking in Wissenschaft und Technik*, Berlin: Edition Sigma.

HASSE, RAIMUND/KRÜCKEN, GEORG/WEINGART, PETER (1994): »Laborkonstruktivismus: Eine wissenschaftssoziologische Reflexion«. In: GEBHARD RUSCH/SIEGFRIED J. SCHMIDT (Hg.), *Konstruktivismus und Sozialtheorie*, Frankfurt/M.: Suhrkamp, S. 220-262.

HAYNES, ROSLYNN D. (1994): *From Faust to Strangelove: Representations of the Scientist in Western Literature*, Baltimore, London: Johns Hopkins University Press.

HEINRICHS, HARALD (2002): *Politikberatung in der Wissensgesellschaft. Eine Analyse umweltpolitischer Beratungssysteme*, Wiesbaden: Deutscher Universitätsverlag.

HEINTZ, BETTINA (1993): »Wissenschaft im Kontext. Neuere Entwicklungen der Wissenschaftssoziologie«. *Kölner Zeitschrift für Soziologie und Sozialpsychologie* 45/3, S. 528-552.

HESS, DAVID J. (1997), *Science Studies. An Advanced Introduction*, New York: New York University Press.

HESSEN, BORIS (1931/1971): »The Social and Economic Roots of Newton's ›Principia‹«. In: NICOLAI I. BUKHARIN (Hg.):

Science at the Crossroads, London: Frank Cass & Co., S. 151-212.

HILGARTNER, STEPHEN (1990): »The Dominant View Popularization: Conceptual Problems«. *Political Uses. Social Studies of Science* 20, S. 519-539.

HOLLINGSWORTH, ROGERS/HOLLINGSWORTH, ELLEN J. (2000): »Major Discoveries and Biomedical Research Organizations: Perspectives on Interdisciplinarity, Nurturing Leadership, and Integrated Structure and Cultures«. In: WEINGART/STEHR, (Hg.), S. 215-244.

HORNBOSTEL, STEFAN (1997): *Wissenschaftsindikatoren: Bewertungen in der Wissenschaft*, Opladen: Westdeutscher Verlag.

HOYNINGEN-HUENE, PAUL (1989): *Die Wissenschaftsphilosophie Thomas S. Kuhns*, Braunschweig: Vieweg.

HUGHES, THOMAS P. (1979): »The Electrification of America: The System Builders«. *Technology and Culture* 20/1, S. 124-161.

HUGHES, THOMAS P. (1983): *Networks of Power. Electrification in Western Society, 1880-1930*, Baltimore, London: The Johns Hopkins University Press.

HUGHES, THOMAS (1986): »The Seamless Web: Technology, Science, Etcetera«. *Social Studies of Science* 16, S. 281-292.

HUGHES, THOMAS (1987): »The Evolution of Large Technological Systems«. In: WIEBE E. BIJKER/THOMAS P. HUGHES/TREVOR J. PINCH (Hg.), *The Social Construction of Technological Systems*, Cambridge: MIT Press, S. 51-82.

IRWIN, ALAN/WYNNE, BRIAN (Hg.) (1996): *Misunderstanding Science? The public reconstruction of science and technology*, Cambridge: Cambridge University Press.

JAPP, KLAUS-PETER (1997): »Die Beobachtung von Nichtwissen«. *Soziale Systeme* 3, S. 289-312.

JASANOFF, SHEILA (1986): *Risk Management and Political Culture*, New York: Russell Sage Foundation.

JASANOFF, SHEILA (1990): *The Fifth Branch*, Cambridge: Harvard University Press.

JASANOFF, SHEILA (1997): »Civilization and Madness: The Great BSE Scare of 1996«. *Public Understanding of Science* 6, S. 221-232.

JASANOFF, SHEILA ET AL. (Hg.) (1995): *Handbook of Science and*

Technology Studies, Thousand Oaks, London, New Delhi: Sage.

Joerges, Bernward (1989): »Technische Normen – Soziale Normen?«. *Soziale Welt* 40/1-2, S. 242-258.

Joerges, Bernward (1996): *Technik, Körper der Gesellschaft. Arbeiten zur Techniksoziologie,* Frankfurt/M.: Suhrkamp.

Joerges, Bernward/Shinn, Terry (Hg.) (2001): *Instrumentation Between Science, State and Industry,* Yearbook Sociology of the Sciences, Bd. 22, Dordrecht: Kluwer Academic Publishers.

Kamitz, Reinhard (1980): »Wissenschaftstheorie«. In: Josef Speck (Hg.), *Handbuch wissenschaftstheoretischer Begriffe,* Bd. 3, Göttingen: Vandenhoeck & Ruprecht, S. 771-775.

Keller, Evelyn Fox (1983): *A Feeling for the Organism: The Life and Work of Barbara McKlintock,* New York: W. H. Freeman.

Knorr-Cetina, Karin (1981): *Die Fabrikation von Erkenntnis. Zur Anthropologie der Naturwissenschaft,* Frankfurt/M.: Suhrkamp.

Knorr-Cetina, Karin (1992): »Zur Unterkomplexität der Differenzierungstheorie. Empirische Anfragen an die Systemtheorie«. *Zeitschrift für Soziologie* 21, S. 406-419.

Knorr-Cetina, Karin (1999): *Epistemic Cultures. How the Sciences make Knowledge,* Cambridge: Harvard University Press.

Knorr-Cetina, Karin/Mulkay, Michael (Hg.) (1983): *Science Observed. Perspectives on the Social Study of Science,* London: Sage.

Kornhauser, William (1962): *Scientists in Industry: Conflict and Accomodation,* Berkeley: University of California Press.

Krais, Beate/Gebauer, Gunter (2002): *Habitus,* Bielefeld: transcript.

Krohn, Wolfgang (2000): »Wissenschaftssoziologie: Zwischen Modernisierungstheorie und Sozialkonstruktivismus auf schwankendem epistemischen Boden«. *Soziologische Revue,* Sonderheft 5, S. 314-325.

Krohn, Wolfgang/Küppers, Günter (1989): *Die Selbstorganisation der Wissenschaft,* Frankfurt/M.: Suhrkamp.

Krohn, Wolfgang/Krücken, Georg (Hg.) (1993): *Riskante Technologien: Reflexion und Regulation,* Frankfurt/M.: Suhrkamp.

Krohn, Wolfgang/Layton, Edwin T./Weingart, Peter (Hg.)

(1978): *The Dynamics of Science and Technology*, Sociology of the Sciences Yearbook, Bd. 2, Dordrecht: Reidel.

KUHN, THOMAS S. (1970): »Reflections on my Critics«. In: LAKATOS/MUSGRAVE, S. 231-278.

KUHN, THOMAS S. (1972): »Postskript – 1969 zur Analyse der Struktur wissenschaftlicher Revolutionen«. In: WEINGART (Hg.), S. 287-319.

KUHN, THOMAS S. (1973): *Die Struktur wissenschaftlicher Revolutionen,* Frankfurt/M.: Suhrkamp; engl. (1962): *The Structure of Scientific Revolutions,* Chicago: The University of Chicago Press.

LAFOLLETTE, MARCEL C. (1990): *Making Science Our Own. Public Images of Science 1910-1955.* Chicago: The University of Chicago Press.

LAKATOS, IMRE (1974): »Falsifikation und die Methodologie wissenschaftlicher Forschungsprogramme«, in: IMRE LAKATOS/ALAN MUSGRAVE (HG.), *Kritik und Erkenntnisfortschritt,* Braunschweig: Vieweg, S. 150-167, Appendix S. 178-181.

LAKATOS, IMRE/MUSGRAVE, ALAN (1970): *Criticism and the Growth of Knowledge,* Cambridge: Cambridge University Press.

LAKOFF, SANFORD A. (Hg.) (1966): *Knowledge and Power,* New York: Free Press.

LANE, ROBERT E. (1966): »The Decline of Politics and Ideology in a Knowledgeable Society«. *American Sociological Review* 31, S. 649-662.

LAPP, RALPH E. (1965): *The New Priesthood,* New York: Harper & Row.

LATOUR, BRUNO (1983): »Give Me A Laboratory and I will Raise the World«. In: KNORR-CETINA/MULKAY (Hg.), S. 141-170.

LATOUR, BRUNO (1987): *Science in Action,* Milton Keynes: Open University Press.

LATOUR, BRUNO (1988): *The Pasteurization of France,* Cambridge: Harvard University Press.

LATOUR, BRUNO (1995a): *Der Berliner Schlüssel,* Berlin: Akademie Verlag.

LATOUR, BRUNO (1995b): *Wir sind nie modern gewesen,* Berlin: Akademie Verlag.

LATOUR, BRUNO (1999): »On Recalling ANT«. In: LAW/HASSARD (Hg.), S. 15-25

LATOUR, BRUNO/WOOLGAR, STEVEN (1979): *Laboratory Life. The Social Construction of Scientific Facts*, Beverly Hills: Sage.

LAW, JOHN/HASSARD, JOHN (Hg.) (1999): *Actor Network Theory and After*, Oxford: Blackwell.

LEMAINE, GÉRARD/MACLEOD, ROY/MULKAY, MICHAEL/WEINGART, PETER (Hg.) (1976): *New Perspectives on the Emergence of Scientific Disciplines*, Paris, Chicago: Mouton/Aldine.

LEPENIES, WOLF (1976): *Das Ende der Naturgeschichte. Wandel kultureller Selbstverständlichkeiten in den Wissenschaften des 18. und 19. Jahrhunderts*, München: Hanser.

LEPENIES, WOLF (1985): *Die drei Kulturen*, München: Hanser.

LEWENSTEIN, BRUCE (1995): »From Fax to Facts: Communication in the Cold Fusion Saga«. *Social Studies of Science* 25, S. 403-436.

LONGINO, HELEN (2002): *The Fate of Knowledge*, Princeton: Princeton University Press.

LOTKA, ALFRED (1926): »The Frequency Distribution of Scientific Productivity«. *Journal of the Washington Academy of Sciences* 16, S. 317-323.

LUHMANN, NIKLAS (1970): »Die Selbststeuerung der Wissenschaft«. In: DERS., *Soziologische Aufklärung*, Bd. 5, Opladen: Westdeutscher Verlag, S. 232-252.

LUHMANN, NIKLAS (1990): *Die Wissenschaft der Gesellschaft*, Frankfurt/M.: Suhrkamp.

LUHMANN, NIKLAS (1996): *Die Realität der Massenmedien*, Opladen: Westdeutscher Verlag.

LUHMANN, NIKLAS (1997): *Die Gesellschaft der Gesellschaft*, Frankfurt/M.: Suhrkamp.

LUNDGREEN, PETER/HORN, BERND/KROHN, WOLFGANG/KÜPPERS, GÜNTER/PASLACK, RAINER (1986): *Staatliche Forschung in Deutschland 1870-1980*, Frankfurt/M.: Campus.

MAASEN, SABINE (1999): *Wissenssoziologie*, Bielefeld: transcript Verlag.

MAASEN, SABINE/WEINGART, PETER (2000): *Metaphors and the Dynamics of Knowledge*, London: Routledge.

MAASEN, SABINE/WINTERHAGER, MATTHIAS (Hg.) (2001): *Science*

Studies. Probing the Dynamics of Knowledge, Bielefeld: transcript Verlag.

MACKENZIE, DONALD (1981): *Statistics in Britain, 1865-1930: The Social Construction of Scientific Knowledge*, Edinburgh: Edinburgh University Press.

MANNHEIM, KARL (1929/1952): »Wissenssoziologie«. In: DERS., *Ideologie und Utopie*, 3. verm. Aufl., Frankfurt/M.: Schulte-Bulmke, S. 227-267.

MANSFIELD, EDWIN (1991): »Academic Research and Industrial Innovation«. *Research Policy* 20, S. 1-12.

MASTERMAN, MARGARET (1970): »The Nature of a Paradigm«. In: LAKATOS/MUSGRAVE (Hg.), S. 59-89.

MENDELSOHN, EVERETT/WEINGART, PETER/WHITLEY, RICHARD (Hg.) (1977): *The Social Production of Scientific Knowledge*, Yearbook Sociology of the Sciences, Dordrecht: Reidel.

MERTON, ROBERT K. (1938/1970): *Science, Technology and Society in Seventeenth-Century England*, New York: Harper Torchbooks, zuerst erschienen in: *Osiris* 4 (1938), S. 360-632.

MERTON, ROBERT K. (1942/1972): »Science and Technology in a Democratic Order«. *Journal of Legal and Political Sociology* 1, S. 115-126; dt.: Wissenschaft und demokratische Sozialstruktur. In: WEINGART (Hg.) (1972), S. 45-59.

MERTON, ROBERT K. (1938/1973): »Science and the Social Order«. In: DERS., *The Sociology of Science. Theoretical and Empirical Investigations*, hg. von N. Storer, Chicago, London: University of Chicago Press, S. 254-266; zuerst erschienen in: *Philosophy of Science* 5 (1938), S. 321-337.

MERTON, ROBERT K. (1957/1972): »Priorities in Scientific Discovery«. *American Sociological Review* 22, S. 635-659; dt.: »Die Priorität bei wissenschaftlichen Entdeckungen: Ein Kapitel in der Wissenschaftssoziologie«. In: WEINGART (Hg.) (1972), S. 121-164.

MERTON, ROBERT K. (1969/1973): »Behavior Patterns of Scientists«. In: DERS., *The Sociology of Science. Theoretical and Empirical Investigations*, hg. von N. Storer, Chicago, London: University of Chicago Press, S. 325-342; zuerst erschienen in: *American Scientist* 58/1969, S. 1-23.

MERTON, ROBERT K. (1973/1985), »The Ambivalence of Scientists«. In: DERS., *The Sociology of Science. Theoretical and Empirical Investigations,* hg. von N. Storer, Chicago, London: University of Chicago Press, S. 383-412; dt.: »Die Ambivalenz des Wissenschaftlers«. In: DERS. (1985), *Entwicklung und Wandel von Forschungsinteressen. Aufsätze zur Wissenschaftssoziologie,* Frankfurt/Main: Suhrkamp, S. 117-146.

MERTON, ROBERT K. (1973): »The Matthew Effect in Science«. In: DERS., *The Sociology of Science,* Chicago: University of Chicago Press, S. 438-459.

MERTON, ROBERT K. (1985): Die normative Struktur der Wissenschaft. In: DERS., *Entwicklung und Wandel von Forschungsinteressen. Aufsätze zur Wissenschaftssoziologie,* Frankfurt/Main: Suhrkamp, S. 86-99.

MILLER, ARTHUR (Hg.) (1996): »Special Issue: Can We Unravel Scientific Creativity?«. *Creativity Research Journal* 9/2-3.

MILLER, JOHN D. (1983): »Scientific Literacy: A Conceptual and Empirical Review«. *Daedalus* 112/2, S. 29-48.

MULKAY, MICHAEL/GILBERT, NIGEL G. (1982): »Accounting for Error: How Scientists Construct their Social World When They Account for Corrrect and Incorrect Belief«. *Sociology* 16, S. 165-183.

MULKAY, MICHAEL/POTTER, JONATHAN/YEARLEY, STEVEN (1983): »Why an Analysis of Scientific Discourse is Needed«. In: KNORR-CETINA/MULKAY (Hg.), S. 171-203.

MULLINS, NICOLAS (1973): *Theories and Theory Groups in Contemporary American Sociology,* New York: Harper & Row.

MULLINS, NICOLAS (1972): »The Development of a Scientific Speciality: The Phage Group and the Origins of Molecular Biology«. *Minerva* 10/1, S. 52-82; dt.: WEINGART (Hg.) 1974, S. 184-222.

MURSWIECK, AXEL (1994): »Wissenschaftliche Beratung im Regierungsprozeß«. In: DERS. (Hg.), *Regieren und Politikberatung,* Opladen: Leske + Budrich, S. 103-119.

NELKIN, DOROTHY (1987): *Selling Science. How the Press Covers Science and Technology,* New York: Freeman & Company.

NELSON, RICHARD R. (Hg.) (1993): *National Innovation Systems. A Comparative Analysis,* New York, Oxford: Oxford University Press.

Nowotny, Helga/Scott, Peter/Gibbons, Michael (Hg.) (2001): *Re-thinking Science. Knowledge and the Public in an Age of Uncertainty*, Cambridge: Polity Press.

Peters, B. Guy/Barker, Anthony (Hg.) (1993): *Advising West European Governments*, Edinburgh: Edinburgh University Press.

Peters, Douglas P./Ceci, Stephan J. (1982): »Peer-review Practices of Psychological Journals: The Fate of Published Articles, Submitted Again«. *The Behavioral and Brain Sciences*, 5, S. 187-195.

Pickering, Andrew (1981): »The Role of Interests in High Energy Physics: The Choice Between Charm and Colour«. In: Karin Knorr-Cetina et al. (Hg.): *The Social Process of Scientific Investigation*, Yearbook Sociology of the Sciences, Bd. 4, Dordrecht: Reidel, S. 107-136.

Pickering, Andrew (1995): »Beyond Constraint: The Temporality of Practice and the Historicity of Knowledge«. In: Buchwald (Hg.), S. 42-55.

Polanyi, Michael (1946/1964): *Science, Faith and Society*, London: Oxford University Press, Nachdruck: Chicago: The University of Chicago Press.

Popper, Karl (1959): *The Logic of Scientific Discovery*, New York: Basic Books.

Popper, Karl (1963): *Conjectures and Refutations*, London: Routledge.

Popper, Karl (1959/1976): *Logik der Forschung*, Tübingen: Mohr.

Price, Derek de Solla (1971): *Little Science, Big Science*, Frankfurt/M.: Suhrkamp; engl. (1963): *Little Science, Big Science*, New York: Columbia University Press.

Price, Don K. (1967): *The Scientific Estate*, Cambridge: The Belknap Press of Harvard University Press.

Proctor, Robert N. (1995): *Cancer Wars. How Politics Shapes What We Know and Don't Know About Cancer*, New York: Basic Books.

Renn, Ortwin (1995): »Styles of Using Scientific Expertise: A Comparative Framework«. *Science and Public Policy* 22/3, S. 147-156.

Rheinberger, Hans-Jörg (2001): *Experimentalsysteme und epis-*

temische Dinge. Eine Geschichte der Proteinsysteme im Reagenzglas, Göttingen: Wallstein Verlag.

Rosenberg, Nathan (1990): »Why do firms do basic research (with their own money)?«. *Research Policy* 19, S. 165-174.

Rossiter, Margaret W. (1993): »The ~~Matthew~~ Matilda Effect in Science«. *Social Studies of Science* 23, S. 325-341; dt.: »Der ~~Matthäus~~ Matilda-Effekt in der Wissenschaft«. In: Theresa Wobbe (Hg.) (2003): *Zwischen Vorderbühne und Hinterbühne. Zur kulturellen Dynamik von Wissenschaft und Geschlecht*, Bielefeld: transcript, S. 191-210.

Rothblatt, Sheldon/Wittrock, Björn (Hg.) (1993): *The European and American University since 1800. Historical and sociological essays*, Cambridge: Cambridge University Press.

Saad, Kamal N./Roussel, Philip A./Tiby, Claus (1991): *Management der F&E Strategie*, Wiesbaden: Gabler.

Schäfer, Wolf (1983): *Finalization in Science: The Social Orientation of Scientific Progress*, Dordrecht: Reidel.

Schelsky, Helmut (1965): »Der Mensch in der wissenschaftlichen Zivilisation«. In: ders. (Hg.), *Auf der Suche nach Wirklichkeit*, Düsseldorf: Bertelsmann Universitätsverlag, S. 439-480.

Schimank, Uwe (1995): »Für eine Erneuerung der institutionellen Wissenschaftssoziologie«. *Zeitschrift für Soziologie* 24/1, S. 42-57.

Shapin, Stephen (1979): »The Politics of Observation: Cerebral Anatomy and Social Interests in the Edinburgh Phrenology Disputes«. In: Roy Wallis (Hg.), *On the Margins of Science: The Social Construction of Rejected Knowledge*, Keele: University of Keele Press, S. 139-174.

Shapin, Stephen (1988): »Understanding the Merton Thesis«. *Isis* 79, S. 594-605.

Shapin, Stephen (1992): »Why the Public Ought to Understand Science-in-the-Making«. *Public Understanding of Science* 1, S. 27-30.

Shinn, Terry, (2002): »The Triple Helix and New Production of Knowledge: Prepackaged Thinking on Science and Technology«. *Social Studies of Science*: 32/4, S. 599-614.

SHINN, TERRY/RAGOUET, PASCAL (2003): *La Sociologie des Sciences*, Paris: La Découverte.

SHINN, TERRY/WHITLEY, RICHARD (Hg.) (1985): *Expository Science: Forms and Functions of Popularisation*, Yearbook Sociology of the Sciences, Dordrecht: Reidel.

SHRUM, WESLEY (1997): »View from afar: ›Visible‹ Productivity of Scientists in the Developing World«. *Scientometrics* 40/2, S. 215-235.

SNOW, CHARLES P. (1959): *The Two Cultures and the Scientific Revolution*, New York: Cambridge University Press.

SOHN-RETHEL, ALFRED (1970): *Geistige und körperliche Arbeit*, Frankfurt/M.: Suhrkamp.

STAAB, JOACHIM FRIEDRICH (1990): *Nachrichtenwert-Theorie. Formale Struktur und empirischer Gehalt*, München: Alber.

STAR, SUSAN L./GRIESEMER, JAMES R. (1989): »Institutional Ecology, ›Translations‹, and Boundary Objects. Amateurs and ›Professionals‹ in Berkeley's Museum of Vertebrate Zoology, 1907-1939«. *Social Studies of Science* 19, S. 387-420.

STEHR, NICO (2000): *Die Zerbrechlichkeit moderner Gesellschaften*, Weilerswist: Velbrück Wissenschaft.

STEHR, NICO (2003): *Wissenspolitik*, Frankfurt/M.: Suhrkamp.

STICHWEH, RUDOLF (1984): *Zur Entstehung des modernen Systems wissenschaftlicher Disziplinen. Physik in Deutschland 1740-1890*, Frankfurt/M.: Suhrkamp.

STICHWEH, RUDOLF (1988): »Technologie, Naturwissenschaft und die Struktur wissenschaftlicher Gemeinschaften«. *Kölner Zeitschrift für Soziologie und Sozialpsychologie* 40, S. 684-705.

STOCKING, S. HOLLY (1998): »On Drawing Attention to Ignorance«. *Science Communication* 20, S. 165-178.

STOKES, DONALD E. (1997): *Pasteur's Quadrant. Basic Science and Technological Innovation*, Washington D.C.: Brookings Institution Press.

STONE, DIANE/DENHAM, ANDREW/GARNETT, MARK (Hg.) (1998): *Think Tanks Across Nations. A Comparative Approach*, Manchester, New York: Manchester University Press.

TAYLOR, IAN T. (2001): »The Genetically Modified Maize Debacle: A Case Study of Policymakers' Failure to Deal with Scientific Uncertainty Even After BSE«. In: MATTHIJS HISSCHEMÖLLER

ET AL. (Hg.) (2001): *Knowledge, Power, and Participation in Environmental Policy Analysis,* New Brunswick, London: Transaction Publishers, S. 229-249.

THOMPSON, JOHN B. (1995): *The Media and Modernity. A Social Theory of the Media,* Cambridge: Polity Press.

TRAWEEK, SHARON (1988): *Beamtimes and Lifetimes: The World of High Energy Physicists,* Cambridge: Harvard University Press.

TURNER, STEVEN (2000): »What are Disciplines? And How is Interdisciplinarity Different?«. In: WEINGART/STEHR (Hg.), S. 46-65.

TURNER, STEPHEN (2001): »What is the Problem With Experts?«. *Social Studies of Science* 31/1, S. 123-149.

TURNER, STEPHEN (2003): *Liberal Democracy 3.0,* London: Sage.

VAN DEN DAELE, WOLFGANG (1996): »Objektives Wissen als politische Ressource: Experten und Gegenexperten im Diskurs«. In: DERS./FRIEDHELM NEIDHARDT (Hg.), *Kommunikation und Entscheidung. Politische Funktionen öffentlicher Meinungsbildung und diskursiver Verfahren,* WZB-Jahrbuch 1996, Berlin: Edition Sigma, S. 297-326.

VAN DEN DAELE, WOLFGANG/KROHN, WOLFGANG/WEINGART, PETER (Hg.) (1979): *Geplante Forschung,* Frankfurt/M.: Suhrkamp.

VAN RAAN, ANTONY F. J. (Hg.) (1988): *Handbook of Quantitative Studies of Science and Technology,* Amsterdam et al.: North-Holland.

WEBER, MAX (1922a): »Die Protestantische Ethik und der Geist des Kapitalismus«. In: DERS., *Gesammelte Aufsätze zur Religionssoziologie,* Bd. 1, Tübingen: J.C.B. Mohr, S. 1-206.

WEBER, MAX (1922b): »Wissenschaft als Beruf«. In: DERS. *Gesammelte Aufsätze zur Wissenschaftslehre,* Tübingen: J.C.B. Mohr, S. 524-555.

WEHLING, PETER (2001): »Jenseits des Wissens? Wissenschaftliches Nichtwissen aus soziologischer Perspektive«. *Zeitschrift für Soziologie* 30, S. 465-484.

WEINGART, PETER (Hg.) (1972): *Wissenschaftssoziologie 1. Wissenschaftliche Entwicklung als sozialer Prozeß,* Frankfurt/M.: Athenäum Fischer.

WEINGART, PETER (Hg.) (1974): *Wissenschaftssoziologie 2. Determi-*

nanten wissenschaftlicher Entwicklung, Frankfurt/M.: Athenäum-Fischer.

WEINGART, PETER (1976): *Wissensproduktion und soziale Struktur,* Frankfurt/M.: Suhrkamp.

WEINGART, PETER, (Hg.) (1989): *Technik als sozialer Prozeß,* Frankfurt/M.: Suhrkamp

WEINGART, PETER (2001): *Die Stunde der Wahrheit?,* Weilerswist: Velbrück.

WEINGART, PETER (2002): »Von Menschenzüchtern, Weltbeherrschern und skrupellosen Genies – das Bild der Wissenschaft im Spielfilm«. In: STEFAN IGLHAUT/THOMAS SPRING (Hg.), *Science + Fiction. Zwischen Nanowelt und globaler Kultur,* Berlin: Jovis Verlag, S. 211-228.

WEINGART, PETER/ENGELS, ANITA/PANSEGRAU, PETRA (2002): *Von der Hypothese zur Katastrophe. Der anthropogene Klimawandel im Diskurs zwischen Wissenschaft, Politik und Massenmedien.* Opladen: Leske + Budrich.

WEINGART, PETER/KROLL, JÜRGEN/BAYERTZ, KURT (1988): *Rasse, Blut und Gene. Die Geschichte der Eugenik und Rassenhygiene in Deutschland,* Frankfurt/M.: Suhrkamp.

WEINGART, PETER/PANSEGRAU, PETRA (1998): »Reputation in der Wissenschaft und Prominenz in den Medien – die Goldhagen-Debatte«. *Rundfunk und Fernsehen* 46/2-3, S. 193-208.

WEINGART, PETER/PRINZ, WOLFGANG/KASTNER, MARIA/MAASEN, SABINE/WALTER, WOLFGANG (1991): *Die sog. Geisteswissenschaften: Außenansichten,* Frankfurt/M.: Suhrkamp.

WEINGART, PETER/STEHR, NICO (Hg.) (2000): *Practising Interdisciplinarity,* Toronto: University of Toronto Press.

WEINGART, PETER/WINTERHAGER, MATTHIAS (1984): *Die Vermessung der Forschung. Theorie und Praxis der Wissenschaftsindikatoren,* Frankfurt/M.: Campus.

WERSKEY, GARY (1978): *The Visible College,* London: Penguin Books.

WHITLEY, RICHARD (Hg.) (1974): *Social Processes of Scientific Development,*London: Routledge & Kegan Paul.

WHITLEY, RICHARD (1984): *The Intellectual and Social Organization of the Sciences,* Oxford: Clarendon Press.

WILLKE, HELMUT (1998): Organisierte Wissensarbeit. *Zeitschrift für Soziologie* 27/3, S. 161-177.

WILLKE, HELMUT (2001): *Atopia. Studien zur atopischen Gesellschaft*, Frankfurt/M.: Suhrkamp.

WILLKE, HELMUT (2002): *Dystopia. Studien zur Krisis des Wissens in der modernen Gesellschaft*, Frankfurt/M.: Suhrkamp.

WINNER, LANGDON (1986): »Do Artifacts Have Politics?«. In: DERS., *The Whale and the Reactor. A Search for Limits in an Age of High Technology*, Chicago: The University of Chicago Press, S. 19-58, 180-181.

WYNNE, BRIAN (1989): »Sheepfarming after Chernobyl«. *Environment* 31, S. 10-15, 33-39.

WYNNE, BRIAN (1992a): »Misunderstood Misunderstanding: Social Identities and Public Uptake of Science«. *Public Understanding of Science* 1, S. 281-304.

WYNNE, BRIAN (1992b): »Public Understanding of Science Research: New horizons or Hall of Mirrors?«. *Public Understanding of Science* 1, S. 37-43.

ZILSEL, EDGAR (1976): *Die sozialen Ursprünge der neuzeitlichen Wissenschaft*, Frankfurt/M.: Suhrkamp.

ZIMAN, JOHN (1994): *Prometheus Bound. Science in a Dynamic Steady State*, Cambridge: Cambridge University Press.

ZIMAN, JOHN (2000): *Real Science. What it Is and What it Means*, Cambridge: Cambridge University Press.

ZUCKERMAN, HARRIET (1988): »The Sociology of Science«. In: NEIL J. SMELSER (Hg.), *Handbook of Sociology*, Beverly Hills: Sage, S. 511-576.

ZUCKERMAN, HARRIET/COLE, JONATHAN/BRUER, JOHN (Hg.) (1991): *The Outer Circle: Women in the Scientific Community*, New York: Norton.

Weitere Titel zum Thema:

Theresa Wobbe (Hg.)

Zwischen Vorderbühne und Hinterbühne

Beiträge zum Wandel der Geschlechterbeziehungen in der Wissenschaft vom 17. Jahrhundert bis zur Gegenwart

April 2003, 312 Seiten, kart., 25,80 €,
ISBN: 3-89942-118-3

Bekräftigt die Wissenschaftsforschung vor allem die Binnendynamik der Wissenschaft und blendet dabei häufig die Wirksamkeit des Geschlechterunterschieds aus, so verkennt die Geschlechterforschung oftmals den Eigensinn des wissenschaftlichen Kontextes, wenn für sie nur der Geschlechterunterschied zählt. Die Beiträge dieses Bandes schlagen einen anderen Weg ein, wenn sie die Dynamik zwischen der Vorderbühne der Wissenschaft und der Hinterbühne des Familiensystems erkunden. Dass und wie eng die Kultur der Wissenschaft mit Geschlechterkonzepten verschränkt ist, diskutieren sie anhand verschiedener Sequenzen von der Frühen Neuzeit bis heute. Dabei wählen sie unterschiedliche methodische Zugänge, die von der Architekturgeschichte über den Vergleich statistisch hoch aggregierter Daten bis zur Interpretation historischer Quellen reichen. U.a. mit Beiträgen von Cathérine Goldstein, Dorinda Outram, Bettina Heinz und Francisco O. Ramirez.

Einsichten. Themen der Soziologie

Bereits erschienen:

Uwe Schimank, Ute Volkmann
Gesellschaftliche Differenzierung

1999, 60 Seiten,
kart., 9,00 €,
ISBN: 3-933127-06-8

Sabine Maasen
Wissenssoziologie

1999, 94 Seiten,
kart., 10,50 €,
ISBN: 3-933127-08-4

Volkhard Krech
Religionssoziologie

1999, 100 Seiten,
kart., 10,50 €,
ISBN: 3-933127-07-6

Raimund Hasse, Georg Krücken
Neo-Institutionalismus

2000, 86 Seiten,
kart., 10,50 €,
ISBN: 3-933127-28-9

Theresa Wobbe
Weltgesellschaft

2000, 100 Seiten,
kart., 10,50 €,
ISBN: 3-933127-13-0

Urs Stäheli
Poststrukturalistische Soziologien

2000, 88 Seiten,
kart., 10,50 €,
ISBN: 3-933127-11-4

Klaus Peter Japp
Risiko

2000, 128 Seiten,
kart., 12,00 €,
ISBN: 3-933127-12-2

Ludger Pries
Internationale Migration

2001, 84 Seiten,
kart., 9,50 €,
ISBN: 3-933127-27-0

Gunnar Stollberg
Medizinsoziologie

2001, 100 Seiten,
kart., 10,50 €,
ISBN: 3-933127-26-2

Paul B. Hill
Rational-Choice-Theorie

2002, 92 Seiten,
kart., 9,50 €,
ISBN: 3-933127-30-0

Leseproben und weitere Informationen finden Sie unter:
www.transcript-verlag.de

Weitere Einführungen im transcript Verlag

Christian Papilloud

Bourdieu lesen

Einführung in eine Soziologie des Unterschieds

Mit einem Nachwort von Loïc Wacquant

April 2003, ca. 140 Seiten,
kart., 13,80 €,
ISBN: 3-89942-102-7

Pierre Bourdieu (1930-2002) war einer der produktivsten zeitgenössischen Denker der Soziologie. Seine internationale Anerkennung beschränkt sich jedoch nicht allein auf den Bereich der Wissenschaft: Als weltweit engagierter Intellektueller hat Bourdieu – wie wohl kein anderer – soziologische Erkenntnis als politische Aufklärung der Alltagspraxis wirksam gemacht.
Zentrale Begriffe der Soziologie Bourdieus wie etwa »Habitus«, »Kapital« oder »Feld« werden heute in einer Vielzahl von sozial- und kulturwissenschaftlichen Untersuchungen verwendet. Was aber hält diese Begriffe zusammen? Welche immanente Logik führt zu ihren Bedeutungen? Und wie werden diese miteinander verknüpft? Kurz: Worin liegen die erkenntnistheoretischen Voraussetzungen von Bourdieus Werk? Die vorliegende »Einführung in eine Soziologie des Unterschieds« versteht sich als Versuch, Bourdieu unter dieser Fragestellung zu lesen. Sie sieht im Begriff des »Unterschieds« das Grundprinzip seiner Erkenntnistheorie, in der »Unterschied« als Machtbeziehung konzipiert wird.